為身障者
倡議爭取權益的
阿里大哥

陳明里・著

走自己的路

推薦序／障礙圈國寶的倡議路

　　認識阿里大哥，最早是在十幾年前開始整理臺灣障礙權利運動史的資料時看到的。當時臺灣仍在快速工業化的過程中，沒有實質職業傷害保障的年代，從文件與新聞資料中，我看到一位因為職業災害成為障礙者，站出來成為障礙者權益倡議的先鋒者的故事。

　　後來透過朋友介紹與演講的邀請，才跟這位性格直爽、健談的阿里大哥見到面，感覺像是歷史上的重要人物突然變成了沒有架子、可以聊天、嬉笑怒罵的朋友一樣。之後也就在障礙圈的不同場合有更多的接觸機會。知道他有新書要出，不僅為他開心，也為臺灣障礙圈的歷史研究有了進一步累積而高興。很榮幸有這個機會幫他的新書寫推薦序。

　　障礙研究（Disability Studies）的歷史學者Baynton（2001）曾指出：「當妳／你開始從障礙研究的角度開始來看事情時，妳／你會發現身心障礙議題在歷史上比比皆是。但是，卻被刻意地忽略。」（p.32）。臺灣障礙者的勵志故事專書不少。但是，內容多為障礙者克服身心損傷的心路歷程，僅希望透過克服障礙的故事來鼓舞人心。

　　對於障礙研究而言，這樣的勵志故事無助於障礙者的權利倡

導，反而可能只是在複製社會的刻板印象，或被戲稱為是一種勵志A片[1]。而阿里大哥的故事並不一樣，阿里的故事是臺灣障礙者自我倡議的故事，也是臺灣障礙者投入障礙者權利倡導的故事，更是臺灣障礙者自我記錄障礙歷史的故事。

這不是阿里大哥的第一本書，卻可以看到阿里大哥從個人面對身體損傷的經歷，轉換成重新看待自己的身體損傷，並且分享倡議經驗的一本書。書裡不只是阿里大哥的倡議經驗與參與障礙權利倡議團體的經驗，還有阿里大哥對身心障礙、老化與臺灣障礙議題與社會變遷的觀察與反思。更有令人驚艷的小詩。像是「疤痕是美麗」，訴說的便是一種對自我身分認同的掙扎與肯認。

寫障礙歷史並不容易，因為障礙者的多樣性與障礙議題的複雜性。阿里大哥是性情中人，也是有名不怕得罪人的人。這本書的出版，可以讓我看到不同的障礙圈之樣貌與聲音。也許歷史、人、事、時、地、物會因為行動者的立場與角度有所不同。但是，開始記錄障礙歷史與障礙者的經歷就是臺灣障礙圈重要的一步。

如果你對臺灣身心障礙議題有興趣，這是一本不容錯過的障礙者個人歷史故事。如果，你對臺灣障礙者的歷史有興趣，應該加入障礙者的歷史故事記錄與匯集。這本書是另一個記錄障礙圈歷史的開始，也是一個邀請，讓大家一起開始關注並書寫障礙者

---

[1] 意指將障礙者當作勵志故事的影像中，障礙被呈現為一種可以克服的不利處境讓一般人從中獲得快感（Grue 2016）

的歷史、障礙圈的歷史、與障礙者權利運動與組織的歷史。

張恒豪

臺灣障礙研究學會理事長

臺北大學社科院　臺灣發展中心主任

臺北大學社會學系教授

推薦序／明里的故事

　　知道陳明里的大名很久了，真正認識他，是在我們同時擔任臺北市政府公民參與委員會這段時間。在這些會議中，我發現他真的很熱心，知無不言，持續在公民參與的各種討論中，爭取身障者平等參與的權利。也在這段時間中，我看到他的幽默感，以及帶著包容的開朗。委員會討論公共事務，偶而總會因不同的意見，出現緊張。然而，我發現，只要有明里在的場合，似乎氣氛總是輕鬆活潑，差異中保持和諧。

　　答應幫他的書寫序時，我以為我了解明里這個人，以及他在公共事務上的努力。然而，我發現我一直是到閱讀完他這本書，才真的知道他走過的痛、恐懼，以及這漫長過程中強大的勇氣。這些生活中的細節，光是讀著，都會讓人心痛。我很難想像，當時如此年輕的他，到底怎麼度過？如果是我遇到了，我是否能夠承受？能不能有他百分之一的勇氣？

　　他的書讓我反省了自己看待他的方式，也許是由於社會學訓練中的平等，讓我對他自己戲稱「阿里疤疤」的獨特外貌，習慣性地平等對待、不過問；然而，這種看似文明的尊重，若沒有進一步深入了解，永遠都會帶著一種距離。尊重讓我覺得，探問他人的過去是不禮貌的。但是，不知道他曾經走過的

掙扎與痛，以及他克服一己困難，所付出的努力，我又如何可能真實地認識眼前這個溫暖、幽默，充滿了能量，為所有身障者爭取平權的人呢？

明里在寫書時，曾經說：「傷者，因閱讀而治療；因寫書而痊癒」。我想說的是，我們所有的人，都因為有幸聽見，這些願意說出自己的傷痛、自己的掙扎與努力的聲音，才能夠真正長出同理心。如果不曾有過切膚之痛的感受，我們如何能夠了解，一個不願意付出代價照顧每一個弱勢者的社會，是如何讓人無法有尊嚴的存活，又如何阻礙許多追求幸福的掙扎？民主社會中要求的尊重，無法透過抽象喊話，就能達成。沒有了解，就不會有真正的尊重。有人願意說出故事，有人願意用心聽到別人的故事，將自己的腳放在他人的鞋子中去感受，才會有真正的了解。

明里說出他的故事，期待的不是這個社會的包容更不是同情。他不斷學習、自我教育，讓他成為弱勢者爭權益的倡議代言人。從《陽光基金會》到《行無礙資源推廣協會》，從議題倡議，到自我賦權，這和我與一些朋友兩年前成立社會民主黨的理念一致。

明里一九七四年在工廠工作，因化學品（三氯乙烯）爆炸，改變了一生的命運。當年的他，要透過自己的寫真照片寄到總統府陳情，才得到與資方協商的機會。這是臺灣經濟發展奇蹟中，長期被遮掩、不被看見的勞動者被犧牲的歷史與紀錄。社會民主的理念，就是希望臺灣社會能夠反省過去犧牲勞動者、犧牲環境的經濟發展模式；進而打造一個所有的人，包括身障者、弱勢族群、性別、階級等，都能夠有平等的機會與尊嚴，追求自己的人

生幸福。

　　明里在臺灣弱勢者追求人權的路上，是個先行的勇者。他的故事，不會只是他一個人的故事；這個故事，說的是臺灣人追求平等人權的路上，所需要的堅持與勇氣。滴水落土，滋潤孕育的是一個尊重每一個生命，你的故事中有我，我的故事中有你的多元平等社會。感謝明里，他的母親，以及與他一起努力的朋友，讓臺灣社會有了這樣帶著疤痕的美麗故事！

范雲

臺大社會系副教授，社會民主黨召集人

2018.2.8寫於臺北

推薦序／阿里，不能說的祕密！

　　看到書名《走自己的路──為身障者倡議爭取權益的阿里大哥》，好好奇喔！

　　阿里，是我的朋友，我不確定我們是何時認識的，只是感受到這一張阿里疤疤的臉，很自然地就進入我的NPO生涯中，一起開會對話，討論無殼蝸牛，討論反核議題，討論社會福利等等。

　　在社團裡，我往往不是喜歡追蹤別人隱私的個性，總是默默地觀察，默默地了解阿里的故事，從《陽光基金會》，從《殘障聯盟》，甚至有一段時間，我們曾經是同事，1998年下半年，我們都出現在《民主進步黨中央黨部》辦公室工作，雖在同一個空間，仍然是各忙各的事務。

　　直到二〇一五年，有機會和阿里一起去杭州，總算有多出來的時間可以一起閒聊，讓我重新認識擁有一張破碎的臉的社運朋友。

　　阿里，很陽光，總喜歡調侃自己，正面迎向眾人。但是，我們都知道，他曾經遭遇殘酷的工作傷害，進出醫院無數次，整形修補身體的傷痕。他是心理素質很強的人，對於身心障礙者，從受害者成為保護者，進入社運團體，進入政黨，從政策法規來尋找出路。他從不閃躲，盡力努力去做，即使有挫折，即使有委

屈，他仍然瀟灑選擇去留走自己的路。

經過人生的歷練，阿里說話時，還滿犀利的，一針見血。但是，在這本書裡，倒是有很多文青的筆觸，讓我見識到他的柔情面。要書寫自己，總是要很多角度來剖析自己的喜怒哀樂，還再加上對事物的觀點，以分享讀者。對事情有時間的整理，看出他介意的點，寫得很詳細又動人。

其實在民間團體，會遇到很多人，合則相聚，不合則散，不必強求。世界很大，能相聚在一起，應是有很深的緣分，才能有共同的目標一起努力。事情總是做不完的，階段性任務完成，留一些尚待努力的任務，讓別人去接手，提得起，放得下，坦然面對，我想，一點一滴的成功，眾人努力累積，也會有可看見的改變。

看了這本書，如果想找出很多不能說的祕密，可能會有一些落差，內行人和外行人，看的角度不同，祕密，好像也有點淡淡的露出，事過境遷，也會淡淡的消逝於無形。

我是很不會守密的人，很不會探聽祕密，看到阿里的祕密，倒不如到他的書中去閱讀他分享人生的故事，反而更精采呢！

陳曼麗

現任：立法委員

曾任：主婦聯盟環境保護基金會／祕書長、董事長

臺灣婦女團體全國聯合會／理事長

臺灣社會福利總盟／理事

臺灣環境資訊協會／理事

看守臺灣協會／理事

推薦序／阿里的假面人生

　　阿里的一張臉及身體被火燒得疤痕肥厚增生，結痂凹凸不平，就像穿了一副假面盔甲般亮眼。他的言語犀利，就像隨時準備出鞘長劍，言談障礙權利的倡議，一個關卡不順意，或者有人被他認定是製造障礙者，冷不防丟過來一句諷刺的臺語俚語，好像劍客出劍，刺破客套，直指核心（這個當然是由他來認定）毫不留情面，常常叫旁邊的人心驚膽跳。

　　與帶著出鞘長劍穿假面盔甲的漂丿男人走在一起，不叫人注意好像也很難，不過日子久了也習以為常，他的假面盔甲好像是他與生俱來的裝備一般，不再是被火焚燒過的毀壞面容一樣。

　　這樣地直白不諱，外表又坑疤猙獰，其實都是阿里外顯的假面，他的內心世界卻是柔軟如絲，是如假包換愛家的好男人，會幫忙做家事、負責接送孩子、假日準備食材、還不時下廚作秀廚藝，一對子女也教育得很好，待人極有禮貌，跟他完全不同風格。而阿里對人的體貼和關心常常在嘻笑嘲諷裡露出線索，有心就能體會出來。

　　阿里每天早早就睡，除非即定必要行程，假日又不出門應酬，時間多到他可以細數過去，爬梳記憶社運歷程，經過詮釋後寫書立傳，即不是史官立言。但是，在身心障礙倡議的圈子裡浸

淫一輩子，他有自己的觀察、脈絡、歷史和體會，用日記式詳述書寫體例呈現，瑣瑣碎碎講述障礙權益倡議的恩與怨、情與友、成與敗，如此實在又鮮明在眼下。

彷彿昔時搭的場景還在，劇幕才拉上，演員身段神韻還沒有從眼簾消褪去，台下的觀眾鼓掌叫好、叫罵的聲音還在耳邊，不管你喜不喜歡，贊不贊成書中的論點，阿里的新書《走自己的路──為身障者倡議爭取權益的阿里大哥》，把整個三、四十年的歲月，變成熱騰騰的文字，絕對讓你燙手、拍案叫絕。

王幼玲

現任：監察委員

曾任：身心障礙聯盟（殘障聯盟）祕書長

臺灣障礙者權利促進會祕書長

臺北市自閉兒基金會董事長

自序／鐵漢柔情的起死回生

　　「在疤痕印記中找到真實的自己」掀開了燒傷者如何在面臨生命生死關頭之後，默默地闖關開創出不一樣的人生與無障礙之路。

　　燒傷的故事讀來總讓人心碎憐惜與不捨！

　　為何命運如此捉弄！為何這般不幸遇上厄運加身，這千迴百轉間柔腸寸斷交織考驗如斯，即使是硬漢也有低頭俯身之時。

　　人世間無名地（無差別）傷害事件已是社會上常見的樣態（病態社會），幸運者或不幸者是死？是生？各有不同的感受認知與解讀之道，先走者，說脫離苦海，倖存者，謂大難不死，必有折磨詮釋，若果見證，就化不幸為哲學之道，自我解嘲昇華之。

　　復健過程，當事人，不哭訴、不鬧情緒者，少之又少。陪伴者，不心疼、不掉淚，更是少見幾希，只是苦了當局者無法宣洩苦悶之心。

　　想一想，每一個倖存者都是有血有肉有情緒的人，是父母的心上肉無法割捨分離，是兄弟姊妹手足之情要相扶持，是親朋好友好哥兒們相對待照應，是結髮夫妻在世情分牽手相連死生不渝！

遇上了，說什麼不苦，那是妄語！說什麼不累，那是苦撐！

這說什麼其實都是摯愛，這番場景折磨人心入骨，觀看在眼裡，心底自有一番濃烈滋味與沉重感受湧上心頭五內推擠，內心苦衷自是澎湃洶湧無處宣洩，霎時間揮之不去的陰霾圍繞著，只有午夜獨自暗泣，或找人傾訴苦悶，或自我尋求他人支持，思想療癒破碎的心靈之道。

踏入身心障礙服務工作逾數十餘年（一九八二年起），這般心境對我而言別具深層意義與非凡紀錄，三進三出《陽光基金會》參與大小事，對於個人有著濃得化不開的情感相繫與難以割捨的情愫。但是，決定放下之後，再也無所牽連羈絆與牽掛糾結，自己該走的路已走盡，認知這是一個集資社會公共財，並且成就NPO的典型運作地方，她不是董事會組織經營者（政治鬥爭）的禁臠肉票或近親繁殖的聯誼會，她是社會極大化的公共財資源以照顧弱勢者為優先。

一朝投入NPO的路上有喜，有樂，有成長，有不能說的祕密，有外界鮮為人知（被包裝的忽視）與不瞭解（資訊不對稱）的大小事在日常發生。

二十歲前受傷，一時無法接受整形醫師救回一張破碎的臉龐與布滿坑坑疤疤的身軀皮相，感謝媽媽日夜長時照顧及兄姊們用愛喚醒絕望的心靈，感謝女友（○枝）以實際的行動支持陪伴走過人生的低潮與真實的面對命運無情地捉弄，更感謝太太——淑女陪伴同甘共苦共創美好的家庭生活，以及生育兩個小孩（鵬仲、筱雯）懂事的學習與成長的日子。

受人點滴，報以湧泉。獻身世間苦難映照人世情緣共業，

積極又瀟灑地再走一回人世間不了情，從受傷伊始、癒合復健、手術重建、閉關練功豐盈身心靈，歷經六載博命生存折磨而後新生。

　　心理調適、生理復健、閱讀治療、自我學習、社會適應、頓悟了然、感恩移情社會參與，盡一己心力能量獻身於社福環境，以實踐者自詡努力邁進，走上一條不擅營生賺錢的助人專業社福道路，將無悔的青春與不妥協的堅持個性，加上一點點的憨厚特質發心向前行，無私的奉獻給地球上遭受不平等待遇與被歧視的人一絲絲餘溫相濡以沫，以看透天命如斯的使命豪邁的活下來，從新追尋生命的意義與自我實現核心價值與願景的人生。

　　顏面損傷、全身疤痕佈滿（約70％不透氣）是我永世的美麗符號標記與不可磨滅的戰士勳章，偶遇相視的人，當下必然印象深刻這般突出的表象實在無法隱藏，即驚嚇又衝擊互為交織流洩，一時間或許無法忘懷眼前這一幕真實映照人性的底蘊，是真實或是假象交錯不說，就端視您我生平造化與靈性的昇華與自我解脫緣起緣滅。

　　活生生的人生對照組，喜怒哀樂痴愚瞋相伴共生，此刻倘若無些許感受衝撞、震撼心靈糾纏，莫非已練就心如止水、老僧入定境界，亦或無動於衷周遭的人事物行止變化，否則當會激起心中的思想漣漪歷久不散，如幻影，如是觀。

　　每一個生命都有故事，每一個故事都有血淚，每一個血淚都有掙扎，每一個掙扎充滿蛻變，若果，就讓蛻變真實改變人生。

　　分享一張破碎的臉如何重建復健、獨立生活態度、追尋核心價值、築夢實現願景，讓想要深入瞭解「阿里疤疤」生命奮戰的

人，可以更清楚地看到過去不為人知的職涯生活、工作態度與入世參與的大小事社會運動戰果，展現公民參與的力量，忠實地紀錄平凡中的不平凡事蹟做見證。

這一生，在生活上過的很充實又忙裡偷閒，在工作上經歷磨練與不一樣的學習體驗。

上台抓機會，下台看智慧。人言「十年磨一劍」，咱數十年修煉成一身，回首此生了無遺憾矣！亦不虛此行乘願也。

權衡輕重急流勇退，用智慧選擇放下，放棄，再出發去築夢，敞開心胸走自己的路，為服務更多的弱勢朋友持續發聲，讓草根的倡議力量不致中斷傳遞經驗開展枝葉，將臺灣經驗（身心障礙倡議知識經濟）本土化得以延伸傳承世代，是我一生的最愛與使命價值堅持所在。

二〇〇七年於《陽光》自請退休後，轉換舞台到《臺北社盟》，《伊甸》，《行無礙》等歷練不同職涯工作；出書後忙著接受各家媒體採訪、專訪，並且上電子媒體，如電視、電台或現場節目錄影，還有應邀製作專輯談生命經驗，專業議題學術訪問，主題焦點座談，學生論文個案研究等無所不談，以及如何提升自我向上的賦權力量全力以赴。

為行銷出書，上過有線與無線電視（節目、新聞）十五次，廣播電台二十一次，報紙、雜誌報導六篇幅，網路二家，進入學校班級、團體演講逾上百次，有幸見面對話的閱聽眾更是難以計其數。

不遠千里足跡行到花蓮、臺東、屏東（潮州高中母校）、高雄、臺南、澎湖、嘉義、臺中、新北、臺北等國小、國中、大

學、社團演講，以及緩起訴者面對面談意外的人生，走入人群與社會大眾進行第一類的接觸，與同學互相擁抱、觸摸變形的手指，體驗無指甲的遊戲（功能），感受疤痕的溫度與硬度，消除同學最初始的恐懼心與好奇心交錯又不安的眼神舉止。

對象、人數小則有一班，多則一、二百人，或全校師生上千人與會，甚至因雨無法在操場上進行，臨時改由學校視訊系統進行空中演講。

分享給需要者一些面對奮戰的養分能量，將經驗傳遞給讀者、社會人士、傷者、家屬、親友、從業人員（OT／職能治療、PT／物理治療）等一同汲取精華修煉，幫助復健者找到方法、做對的事，不再摸索走冤枉路，畢竟療傷止痛是痛苦的事，若能儘早助其舒緩身心減輕傷痛，也是一件美好人生大事。

細細品味不同的人生，一同咀嚼不同的生命交響曲，談如何克服痛苦、減低壓力、消融苦悶、胡思亂想，或看不到成果喪失信心，充實周邊的人重拾信心，盡力而為開創自己的未來。

領受各界的肯定與支持，陸續獲獎與表揚，二○○七年間榮獲三個獎項鼓勵——獅子會「第三屆臺灣貢獻獎」；內政部身心障礙楷模「金鷹獎」；臺北市政府「臺北市傑出市民獎」；二○○七年獲內政部推薦參加日本第十一回「系賀一雄紀念賞」（The 11th Annual Kazuo Itoga Memorial Prize）落選；二○○八年法鼓山國際關懷生命獎「智慧獎」。

充實學術知識，按表操課進修，完成就讀大學心願，驗證實務與理論之道，於二○○八年完成《國立空中大學》公共行政學系畢業（歷七年半課程），取得學士學位，如虎添翼應用所學，

導入職場發揮效能。

身體內的東西沒有人能搶得走，身體外的事日日有人可以替換取代。懷著濃厚的使命願景而來及情義交融投入職場開疆闢土，縱然有理不清的情緒與角色扮演在其中交錯堆疊，然，退一步，海闊天空；忍一時，風平浪靜。

「阿里疤疤」一張佈滿著臨老無法讀取歲月皺紋的臉是永遠的「活招牌」在外行走，素以倡議者、實踐者期許作為「標竿」，亦專為弱勢者代言的「圖像標識」。

歷經淬煉的故事平實而生活化，寫出家人的互動與生活情感，寫出高齡化社會所面臨的種種處境、困境，內容純化淺顯易懂，沒有駭人高潮之事，似一個平凡不過的人生，逐一紀實曾經完成倡議的案例事跡，分享出來提供研究學者等相關人士知所來時路。

大部分的人生活在選擇與抉擇中搖擺不定；說白一點既做一行，又怨一行大有人在；有人工作樂在其中，有人不知為何而戰。但是，我很清楚為誰而戰，並且勇於奉獻站出來大聲說話，爭取普世人權，奉行生命價值，活的有尊嚴。

喜歡做事勝於喜歡交際應酬，沒有什麼公關煩心之事，生活幾乎是一成不變以「家」為中心，以「工作」為世界，以「志工」為樂事。

生活圈很小，以非營利組織公益工作為主；再者二〇〇八年起參與《公民監督國會聯盟》評鑑國會立法委員事務迄今；三者擔任《臺灣公民參與協會》角色推展公民參與運動不懈，四者奉獻時間精神關心公共事務擔任公寓大廈管理委員會主任委員（義

務職）榮退隱身；剩餘時間陪小孩與家人走出戶外休閒旅遊活動，提升家庭生活品質，隨時拿起相機留下一些喜歡的人事物鏡頭分享FB（臉書），豐富美學視野紀錄人世樣貌為個人生活樂趣，這些橋段就是我的全部日常史。

時時關心國際政治、經濟、社會、公共政策、公共議題、弱勢權益、社會運動等訊息，與有志之士一起上街頭為公義（益）理想奮戰不鬆懈。

最後僅將本書獻給我的太太及家人、媽媽、兄嫂、姊姊，承蒙《秀威出版社》劉小姐校編，衷心感謝張恒豪（臺北大學社會學系教授）、范雲（臺大社會系副教授）、陳曼麗（立法委員）、王幼玲（監察委員）等鼎力相助書寫推薦序；感謝《殘障聯盟》劉姊（姣）、陳哥、曹姊、李哥及理監事與一起奮戰的同仁們的疼惜與厚愛相加；感謝《行無礙協會》朝富、鯉綺與同仁們的合作無間，為臺灣的無障礙環境議題深化研究、倡議發聲、拓展輔具服務等等盡微薄之力，承擔起社會責任。因著您的愛、真誠與溫暖，讓我更有力量面對每一個選擇與抉擇的日子。

以下為證：

滴水落土

曾經

氣若游絲，神遊太空，陷入絕境，性命將休。

掙脫命運

看似絕望，恰似新芽；祈求諸神，無聲勝有聲。

人生

在自己哭叫中，來到人世；在親友哭泣中，回歸隱世。
忽見契機
使命在身，雖千萬人，吾往矣！
守住價值，向前行，那管一時變臉上身！

也許
轉個彎，吸一口清新空氣，泄一方煙塵毒氣。
做自己，看見責任，承擔實踐者、倡議者腳步。
許一個
寸有所長，尺有所短，各擅其能。
充實天賦能量，成就美好願景。
渺小、侷限，莫道命運坎坷來傷神。
滴水穿石，有道天下之物，莫柔弱於水，而攻之能先！

目次
Contents

第一篇 生命的意外之旅

疤痕是美麗

疤痕是美麗

心放空、靈冥想

痛是常態，凍未條放聲大哭

莫道天意亡我，自慚形穢表象攻心

疤痕是美麗

凹凸不平五顏六色巧妝扮

堅硬如鑽石永留傳、不退色、化骨灰

恰似冬衣不畏冷、最怕熱浪襲人珠淚滴

疤痕是美麗

節慶，萬聖上身不刻意裝扮

氣氛，驚聲尖叫、不絕於耳
降服，妖魔鬼怪敕令收驚聲聲唱
疤痕是美麗
膚色，不管是否歡喜、憂傷、抗拒
種族，不管曾經哭泣、撞牆、心死、詛咒
疤痕總是揹負莫須有罪名於世
疤痕是美麗
烙印，一世相隨、不離、不棄
幻滅，時時撫摸硬皮、終將軟化如沙丘
撕去假面、無相如來釋心疑
看破，無來，無去

接受挑戰，人生變化球

PART *1*

日常，愛情、親情伴隨成長家庭

結婚成家是奢望，創造機會及時達陣，皆大歡喜，珍惜這個家。

喜歡過平凡的家庭生活，生活上沒有什麼交際應酬，一切以家庭作息為中心，假日得空就安排全家出遊，或帶著小孩南下探視阿嬤，順便操練小孩的臺語程度行不行，說來二位從小的表現就很得長輩與同儕們的喜愛。

日常，一件平淡簡單的事，定型化的工作，上班、下班接送妻小進出是一種生活習慣，以及必要擔負的家庭事務責任。

回家做飯，在雙薪家庭已然很少見，然我家是例外。大部分在家用餐，偶而會出門聚餐，如過生日，懶得燒飯，或家裡沒有菜下廚時。但是，二度遷居後，晚上作飯的時間更少了。

小孩在國中以前，日子總是這樣過，早上先送小孩去搭捷運到學校，下課後則由他（她）們自己搭捷運或轉乘公車，再走一段路回家，同時訓練小孩自我管理生活；另外下課後，安排轉往補習班進修，待課程結束再去接他們回家。

七點二刻出門，先送太太到工作地或轉車站牌處，再進辦公室處理會務。

　　對家庭完全負責，完全付出照顧，數十年如一日，永遠不厭倦，體驗享受「甜蜜的負擔」，不分寒暑刮風或下雨與體能狀態出勤，扮演無公休父親角色，甘之如飴向來沒話說。

　　自己學習與摸索如何成為人父、人夫角色。

　　自幼失怙，羨慕他人有父親可以呼喚，遺憾自己沒有請益對象，以及近身學習父親的角色與如何扮演的機會。

　　不一樣的家庭生活，辛酸的「單親家庭」不以為苦，唯有苦澀的「單親家庭」歲月相伴，這就是命運乖舛捉弄莫怨尤；偶而靈光乍現想起無緣父親的圖像（唯一畫像早已不知去向），襁褓歲月未曾留下最初的印記，莫名思念常在身旁圍繞、遺憾時起相伴，認知一人一款命，命中無時，莫強求。

　　苦難的「單親家庭」？

　　常見媒體報章裡有些人似是而非的論述單親者社會事件，慣以「單親家庭」生活環境如何困苦作為藉口逃避真相問題，就個案犯下違法的行為時作為掩飾犯行的理由，或裝無辜強詞奪理卸責、言詞狡辯迴避問題的根源，是為不可承受苦難之重也。

　　不喜歡這種論調與不負責任的態度，覺得是個人藉口、不自愛罷了！

　　一個人要學壞、學好與單親家庭無必然關係，倒是與父母教育態度有正關係。不然「孟母三遷」遷假的！所謂「近朱則赤；近墨則黑」是真的。

　　規律睡眠，日出而醒，入夜睡覺，少有熬夜。

春夏，天一亮，不管幾點鐘（四、五點）自然醒過來；秋冬，天一亮，不管幾點鐘（六點）一樣醒過來，很少有睡過頭現象。

太太說「爸爸起床時間媲美鬧鐘設定還管用」，如有失誤，除非熬夜或晚睡情形發生，否則精準，絕不誤點。

養成早睡、早起習慣，起居作息，自我管控非常好。

睡覺鐵律，最晚十點或十一點入睡，不然失眠，進入熬夜界線，會很難受，無精打采，再多睡眠搶救，三天無法回補失眠。

工作勞累，於晚餐、沖澡後，即時倒頭大睡（醫師說容易患胃食道逆流）。既已休息，一律不接聽任何電話，除非家事、急事或重要事，家人才會要我起床接聽電話。

鄰居說「小孩長高了！好快」。

兒子長大，一眨眼間，個頭已比我高。

女兒說：同學有約淡水逛街、買禮物，問媽媽可不可以去？

媽媽說：我們不認識妳同學，又青少年出門在外，做出什麼事來很難說，萬一發生事情無法當下協助怎麼辦？不同意她提議。

身教重於言教，父母不能只出一張嘴，要有行動及方法。

買禮物這件事，一直放在她心上。有一天，趁著好天氣，就在生日前夕，全家總動員陪同到淡水採買新衣服及禮物，一起搞定她的事。

媽媽常說「竹子細枝，就要雕塑定型，不能等長大成材後，會來不及的！」意思是小孩子從小就要適時調教，並且給予正確的觀念、價值、規矩、生活態度等等，才會走向正途之道，合則

「細漢偷摘瓠；大漢偷牽牛。」就害了了！

　　從小培養工作能力、建立價值與金錢觀念，教小孩認知賺錢不容易，扎根家庭生活教育，一起分擔家務事，讓他（她）們知道人人都是重要分子，要對家庭有責任及完全的付出，沒有茶來伸手，飯來張口這回事。

　　雙管齊下，太太按月分工與支給微薄零用金，兼教記帳與儲蓄觀念，一方面讓小孩參與分擔簡易又安全的家務事，如洗碗、洗衣服、收衣服、摺衣服、收餐桌飯菜，剩菜放冰箱冷藏，假日大掃除、打掃、擦拭桌椅、清潔家具、倒垃圾、廚餘、做資源回收等等日常工作。

　　若分工做不好，雙方可協議互換或調整內容；至於吸地板、清水拖地或清潔盥洗室、刷洗馬桶、洗外面窗戶等比較高難度的事情，以及兼具使用清潔劑等考量安全性，由我與太太負責個別處理。

　　優質家庭，要有心，好男人，也要有好女人相襯。

　　太太個別開戶頭儲蓄，將過年長輩給的紅包封存下來，讓他（她）們知道自己存了多少錢，可以規劃做什麼用途之類。

　　二〇〇九年七月，暑假，花他（她）們的儲蓄金，二小孩跟著游學團去英國倫敦游學十六天，安排住宿家庭居住，參加短期語文教學、戶外旅遊，以及參觀博物館、古堡、影城活動等。

　　打開心胸視野，見識國外文化與環境，感受不一樣的生活品質，學習如何照顧自己，如何互相支持與生活照料事。

　　擔心的事發生了，哥哥從英國打國際電話說妹妹患重感冒，人很不舒服，心裡只能乾著急，還好有導遊陪伴照顧，不然真是

擔心，為人父母，第一次強烈感受到小孩在外最無力協助的心情與不安之心盤據不散。

未當父母時，不知父母心，有了父母心，更心疼長輩心。

一九九一年暑期進修語言課程，慶幸有貴人相助，在亞利桑那州道格拉斯鎮科契士學校認識George Wu與洗莉婷（臺灣人、在圖書館工作）二人幫助我在他鄉異國生活上非常多，並且成為國際上的好朋友。

二〇〇五年，George全家來臺，重溫敘舊促膝相談甚歡，相約擇期互訪遊樂。

二〇〇七年春節，第一次帶全家出國玩，去香港找George及太太與女兒，George當導遊陪同玩五天行程，走了不少景點觀光地，特別到香港某庇護餐廳用餐，實地見識及比較香港與臺灣的社福差異處。

一晃十餘年過去，幾乎斷了雙方訊息，曾寄賀年卡去道格拉斯居處亦無回音，後續能聯繫上全靠登山攀岩專家歐陽台生老師通知George家人將來臺相會事，真是喜出望外可以再見好友一面。

二〇一八年一月元旦過後，George來臺灣登玉山圓夢，接待他去宜蘭葛瑪蘭酒廠DIY調酒，盡地主之誼帶他去迪化街走一回南北貨市集；四月份，再來一回臺灣參加歐陽台生的斷食營。

二〇〇九年春節，全家人跟團去韓國，在仁川國際機場下機，感受韓國的快速進步與科技化服務。五日行程體驗不同的國度文化、人文氣息、觀光景點、古蹟建築、風俗習慣、生活飲食等等。

（一日）臺北→仁川機場→東大門綜合市場→清溪川。

（二日）冬季戀歌場景～南怡島→春川明洞→雪嶽山國家公園～權金城（纜車）→束草泰迪熊博物館→韓華WATER PIA溫泉水世界。

（三日）愛寶樂園歡樂世界～滑雪～參觀高麗人蔘田、高麗蔘牛奶汁、大長今泡菜DIY、穿著傳統韓服。

（四日）青瓦台 →人蔘專賣店→跳耀武藝JUMP秀。

（五日）化妝品體驗營→珍珠草專賣店→紫水晶→土產店→仁川國際機場→臺北。

小孩滑雪最興奮，買一頂黑色純棉毛帽、禦寒手套，最樂。

二○一○年七月底、八月初，全家人飛往澳大利亞洲布里斯本探親二哥一家人，以及訪視移居於此的舊同仁林碧峰家人，走訪黃金海岸、陽光海岸、動物園、植物園區、布里斯本河搭City Cats渡輪巴士遊玩，見識到建築物、公共場所、大眾運輸（電聯車、火車、船舶、客運、中巴、小巴、計程車等交通載具）、大小公園、戶外休閒活動場所、人行道座椅規劃等無障礙設施設備之完善及普遍性、人性化的設計真是人民之福，歡喜實現一趟美妙又豐富的南半球之旅。

二○一四年七月，太太、女兒與我三人走一趟日本東京自由行，搭地鐵盡興暢遊秋葉原、淺草、東京都、日暮里、原宿、新宿、東京灣、台場、新橋、築地、銀座、上野等地區走到腳軟，也拍一些好樣的無障礙設施設備設計，如戶外洗手台加飲水機（Γ型）造型對於輪椅族很方便又實用，曾在布里斯本KOKODA原住民紀念公園見過類似的造型設計。

二〇一五年七月底，太太帶兒子去一趟歐洲德國之旅，讓他感染一下歐洲文化與古堡建築之美，兒子就讀淡大土木工程科系，也許兩者關係非相連契合。但是，讓他實地見識國際人文與藝術美學就是好事，他最喜愛的是設計類方面，希望他能摸索追尋自己的興趣前進。

　　二〇一六年九月中秋節假期，與太太一起出遊俄羅斯共和國聖彼得堡與莫斯科二大城市，見識到戰鬥民族的偉大建設與古色古香建築設計之美，還有莫斯科地下鐵開挖深入地下八十公尺以下，很可惜百年前的規劃只有手扶梯之設計導入地下月台站，完全沒有垂直系統之電梯設施設備，致使輪椅行動不便者無法進出搭乘便捷的捷運運輸交通工具，現在只有在都會中心外之郊區站開始設計電梯設施設備以利乘客方便進出搭乘地下鐵。

　　職業病發作，走到那裡，拍到那裡，並且養成生活上一種習慣性、偏好性生活，有關無障礙設施設備好樣的與不好的設計全紀錄下來，於FACEBOOK（臉書）上發表圖文交流，藉機行銷及教育無障礙設施設備設計規範，整理製作成簡報檔教學相長分享於外界。

　　興趣、能力、技巧、專業、美學，驅使我追求完美事務與提升專業品質不停歇。

　　健康又快樂，大兒子跑步運動很有天分，從小學三年級代表班級參加校慶運動會，一百公尺短跑最好成績為同年級第三名，老師曾給他一張徵詢單帶回家，要家長簽同意書以便課後集訓。但是，我沒有簽字，因為看不出政府有何具體體育政策發展及保障運動員權益事項。

適性發展，國一代表班級，參加校慶運動會，成績五、四名以內。

自己安排假日，找同學打籃球運動，騎單車技術不賴，有遺傳到基因，不定期帶他（她）們試騎北投、淡水地區，尋著不同路線親近大自然。偶爾他與妹妹騎單車，漸漸地朝向獨立生活，真是棒。

想學的東西很多，女兒喜歡舞蹈，開始注意起打扮、穿著衣服、髮型，經常是看到什麼東西，就會想要有什麼東西的那一型。

有一次，她看電視節目吹「橫笛」比賽，吵嚷著要去學，我們告訴她，學這玩意兒音樂是要花大把銀子的，還要買樂器練習，依我們的家庭經濟能力是無法提供的，要她死了這條心，不要胡思亂想想太多富有人家的事情。

生吃都不夠，那有曬乾的份。倒是家裡有一把古他，沒有人會想要彈它，原本有一小鼓樂器，於整修室內裝潢時，一併去棄回收處理掉，反正留下也用不到。

二個都很喜歡畫畫，尤其畫卡通人物或漫畫這一類，還有模擬小說畫本內三國人物圖像，還真畫的有模有樣、唯妙唯肖的，從幼稚園以後畫的草圖部分，有一部分作品還幫他（她）們收藏保存下來，希望可以讓他（她）們看到自己小時候的原作稿紙回憶。但是，二度搬家，又新家空間有限，只好忍痛清理掉。

長大了，不願再當跟屁蟲。

例假日，固定上士林市場買菜，一次買一星期數量菜料。

小時候會一同逛傳統市場選菜，長大他（她）們不跟了，

覺得逛市場很無趣，地上又濕又髒亂，老是搞的腳底及衣褲一身臭，又累又不好玩。

小孩喜歡媽媽做的菜，認為我做的口味不清爽、可口、沒變化，正是「青出於藍，更勝於藍」。

傳統菜如苦瓜鳳梨雞湯、芋頭類等挑食不吃，只有自己猛吃的份；老實說太太做的菜比較清淡好吃，菜色配料比較有變化，小孩喜歡吃咖哩飯、壽司、煎蛋餅，嘗試不同口味，有時候還挑嘴的厲害，要載他們去圓環附近小巷子吃壽司；正是「歪嘴雞，想吃硬米粒。」

佩服太太手藝精進，太太燒菜內容、口感、湯頭與技巧進步神速，肯下功夫學，花心思看食譜研究或電視「阿基師」節目學竅門，市場選購食材，料理配菜、備料，親自下廚，這步驟進程、功夫做菜者不可少，即使失敗了，也可以學到寶貴的經驗，反正能吃就吃，不能吃則倒掉，下次再來口味會更好。

會做菜前，先學會買菜、選菜、配菜，再來努力嘗試燒煮功夫，就會更有成就感，一次做不好，下次再來，多試幾次就行。

二〇一七年八月，太太報名中餐烹飪十二堂實作課程，十一月份參加中餐丙級技術士技能檢定測試，一試過關，她想自行創業開餐館做小生意圓夢。

其實做菜很有意思，燒的好，吃的好，燒不好，等下次。

生小孩坐月子，全由我親自採買、下廚做「麻油雞」、炒「豬腰子」等食補料理，嘗試幾次料理口感不對勁，竟然「麻油雞」有苦味？

苦思良久尋找問題來源，發現下「鹽巴」時間次序最具關

鍵，第一次，不太熟悉（記得）煮「麻油雞」程序，竟然燒出有苦味的「麻油雞」味道，吃起來口感怪怪地，湯頭內含有苦味！

江湖一點訣竅！說破不值錢。

如何煮「麻油雞」？記得「麻油與鹽巴」不要同時下鍋爆香，得等待最後起鍋前，再增減放下鹽巴量，才不會有「苦味」在內。

好料理一定要記得下鍋的佐料、調味料之先後工序，絕對不得馬馬虎虎，這非常重要，不然會浪費一鍋好料理又有挫折感。

首先，拆卸全雞骨肉，以庖丁解牛之術，遊刃有餘刀工，將全雞骨肉分離細切成肉片，再分別剁成小塊狀，用少許沙拉油攪拌按摩均勻肉片，避免用生肉直接下鍋會容易燒焦，因為高溫乾燒容易造成沾鍋情形。

切下老薑八到十片（適量增減），備適量純麻油，一隻雞約三分之一碗數量，打開瓦斯爐用中火溫熱炒鍋（蒸發鍋底水氣），倒入麻油加熱，放入老薑爆香，翻炒大約二分鐘逼出薑汁味道，再放入雞肉翻炒攪拌儘量避免燒焦。

目測檢視肉色變化，見皮肉顏色呈金黃色般，皮肉已燒成熟肉狀，聞之有撲鼻香味溢出，接下來再適量斟酌加入米酒，一瓶600cc或更多隨人意思（視酒精濃度比例），混入少許開水沖淡酒精濃度，再依個人喜好濃度口味增減酌量比例，如喜歡酒精濃厚者可以米酒二、水一之比例調和為之。

最後關鍵把關，首先嘗試湯頭鹹淡味、口感喜好度，適量增減「鹽巴」份量，大功告成加蓋以中溫火滾熱，適度揮發讓酒精溶解汁液滲入，等待留下甜美滋味饗用，熄火起鍋裝入小鍋子保

溫，記得加蓋以免氣味流失，如此這般料理新手不難。

男人會燒菜，不怕配偶罷工。女人會做菜，全家幸福快樂無比。

阿嬤關心孫子女，打電話來問功課如何，噓寒問暖生活情形。但是，這二位接到阿嬤電話，就變口吃，經常要老爸出來解危，追問箇中原因為不熟「臺語」會話如何溝通，聽不懂阿嬤的母語語言。

聽懂部分意思，卻說不出完整的「臺語」會話，當下頓時卡住說不出話來，不知如何臺語交談對話，只好咿咿呀呀在電話一端胡言、傻笑狀，回答的口語常常說好，好，是，是，虛應一番不知所云！

檢討自己語言被同化了，不自覺地常說「北京話」，沒有反轉過來講「臺語」與小孩交談對話情境，幫忙創造說「臺語」的環境與機會，久而久之，全家都用「北京話」溝通對話，難怪母語文化在生活中無影無形地消失了。

有一個溫暖的家，人生最幸福的事，有互相支持的家人、兄姊是一生最美麗的人生，很珍惜這份濃濃的家庭氛圍生活。

一方思念，時時想念，不分親疏、遠近想看的人，是美好的人生。常言道：人生苦短，不過數十寒暑。既然建立家庭，就得安家立命，經營家庭為重，把家庭照顧好才是最為上上策。

婚姻要經營，關係要經營，正向態度面對承擔，用心投入，不要認為這些細節無關重要，切記若把家庭當旅社，把愛人當外勞使喚，就大錯特錯了。

要過什麼樣的家庭生活，就得花費心思與力氣營造，因為大

底下沒有白吃的午餐，而家庭的價值在於雙方的付出與學習欣賞對方。

養成吸收知識習性；關心家事、國事、事事關心，日常看電視新聞補給新知資訊，一日不看就覺得欠缺精神糧食，人也變的慵懶無趣，又不知國際發生什麼大事，這是宅男一族絕對無誤。

很感恩與感謝，有緣分與福分相伴，還有學習家的滋味。

疤痕拉扯，另一個結局

苦難，病痛，打不倒生命的張力。

二○○五年，掛號腦神經外科門診，這是「頸椎鬆脫壓迫神經」症狀，李醫師石增說。

做過頸椎牽引復健，為什麼還是不間斷舊疾復發？

因為「頸椎鬆脫壓迫神經」症狀，在復健療程後一段時日，會自然的跑掉移位，只有短期效果，要澈底解決才有效。

「如果不開刀，後遺症會如何？」問李醫師。

「將來會四肢麻痺、痛、酸，嚴重會無力！」李醫師說。

「頸椎壓迫神經問題」愈來愈嚴重！

「這是長久以來姿勢不良所導致」李醫師說。

「會不會是頸部疤痕萎縮拉引有關？」

「有可能」李醫師說。

要不要會診整形外科楊瑞永醫師，二者一次手術連同疤痕放鬆。

您怎麼受傷？多久了？何時發現肩痛、臂麻，手麻現象多

久了？

　　大約五、六年前，感受到頸間及肩胛隱隱作痛、輕微麻的感覺！看過復健科，照X光，醫師診治說：頸椎椎間突出，長「骨刺」情形，壓迫神經所致。

　　陽光重建中心治療師曾經幫忙「頸椎間牽引」復健，每次十五分鐘，病情亦逐漸獲得緩解與改善。

　　一年後，病情復發，從頸間、肩胛處隱隱作痛，左手延伸到手肘間會酸麻，偶爾出現肌肉痙攣反彈現象，再次依醫師指示做「頸椎間牽引」復健。另外，飲食方面；開始強迫自己多喝牛奶、吃小魚乾及魚類等豐富性鈣質或帶膠質性食物，補充不足之處。

　　二年間，病情更形惡化，酸麻症狀延伸到手指指尖（母指、中指、無名指）處，去看復健醫師，持續「頸椎間牽引」復健。

　　復發頻率縮短，約隔半年發病一次，開車時，左手麻到不行，無法抓握方向盤，要不間斷抬高手勢（作投降姿態），或是按摩後頸椎間部位，以緩解酸麻之痛！另外，復健醫師表示「如果痛到不行，就掛骨科看診。」

　　二〇〇五年中，頸椎發炎，酸痛及頸項僵硬狀，夜晚無法睡覺，經常處於半睡半醒狀，睡眠品質很差，生活造成很大壓力。

　　病情惡化，心裡擔憂與掛慮！心想要經營維持一個家，絕對不能倒下來！無端讓小孩及淑女受到衝擊與傷害，再三思量嚴重性，必須儘速安排治療計畫，找醫師手術開刀。

　　燒傷後萬萬沒想過會有這情事發生，過去看診時，未請教復健醫師問明病因，自己開始懷疑會有酸麻現象，一定是身體那處

不對勁！一定有因果關連，不可能無風不起浪。

　　二〇〇六年初，春節前夕掛腦神經外科李醫師門診，其專攻「脊椎神經」，人很親切，視病如親，解釋病情，清楚易懂。照X光片，經李醫師初步判讀說明，手術風險評量後，當下決定做手術。

　　隨即安排「核磁共振掃描──簡稱MRI」檢查，從電腦斷層掃描造影──解剖壓迫神經部位及分析病情，從頸椎三、四、五節處柱狀椎體剖面看，確實有三節椎間壓迫神經現象，只是各節點壓迫神經強度有差異。

　　還有關鍵的頸椎鬆脫之因素，為疤痕拉扯自然形成，周而復始異位移動壓迫神經，難怪過去做完復健後，只會短暫緩解麻痛跡象，無法解決問題根源。

　　李醫師說：頸椎鬆脫部分置入鈦合金材料骨釘固定，加一處墊片「施行頸椎椎間盤切除併人工錐體支架自體骨融合手術。」

　　聽診後，略有猶豫！李醫師看出心理壓力，語帶輕鬆說：下次帶家人一起來看報告，我們再來敲定手術時間。

　　心想也好，慎重將事，不失為上策。立即跟淑女與主管說看診結果，與宋有礪職能治療師（幫我復健）交換意見，邀她陪同看影片。

　　「這樣子手術，以後要做頸椎間牽引有沒有問題？需要注意的地方？」宋治療師問。

　　「經過六個月，人工錐體支架自體骨融合成一體後，就沒事。這段時間要帶頸圈固定做復健（除睡覺外），三個月內避免開車（因煞車前後瞬間搖晃與左右快速移動），頭部要與身體同

時轉身移動，不可提重物等動作。」

　　手術成功，李醫師先下第一刀，施行頸椎椎間盤切除併人工錐體支架自體骨融合手術；再交由楊醫師進行第二刀，施行頸部疤痕放鬆手術。

　　三月三日下午一點四十分上麻醉藥，開完刀已六點半，近七點甦醒過來，送回恢復室觀察，李醫師過來看我，指示我動四肢活力度，問我左手還麻不麻？回說：不會了。八點左右被推回病房，又渡過一關了。

　　整個咽喉部腫脹，像引擎搪缸，塞滿咽喉鼻腔上下方，滴水及米飯不能進，咳嗽加痰如湧泉般分泌，四天用掉五包衛生紙。無法正常飲食或服藥，晚上無法安穩入睡，僅靠點滴食鹽水維持生命，心中自是覺得不太對勁！

　　三月六日中午前，出院回家，心情尚且愉悅，滴水及米飯難進，只能吃些許軟質食物如「蘿蔔糕」，咳嗽稍微緩減，然一接觸到水就咳不停，喝湯亦如是，吃青菜含水份或汁液類更是不得了，不咳則已，再咳似斷了氣般鐵青著臉。

　　一整天下來，無尿液排出，有點緊張不安，擔憂尿酸升高，傷及腎臟器官。

　　隔日一早，拉著老婆站立廚房水槽邊，預備「拍痰防吐」動作，不管如何要強迫自己喝下水，否則就回醫院打點滴，強迫喝下三大杯開水，竟然都沒事，亦稍微解渴，至少有喝些水了。

　　出院一週，喉嚨乾咳時好時壞，很不放心，趕緊看診耳鼻喉科清洗喉嚨及用藥，飲食僅能小口喝湯水，能吃些乾飯或乾麵（線），咬很少水分的蔬菜，不能吃辛辣食物，真是始料未及！

三個月，定期回診照X光，從片子上看到「E字型骨釘」垂直並列撐住，由右前側三、四、五節頸椎間盤處進入固定。

手術後，一直覺得喉頭不舒暢，嘴巴張開運動時，感覺有異物「如鯁在喉」般不舒服，說話不出十分鐘出岔「失聲」沙啞，無法大聲說話，內心遑遑不可終日！與之前相較有如天壤之別，容易乾咳及口乾舌燥感，還有吞嚥功能遲緩，連喝水進食也容易嗆到！

以為麻醉時被傷到喉嚨才這樣，其實不然。不放心及欲知為何如此現象，特地去「和信醫院」耳鼻喉科門診，經賴醫師用內視鏡由鼻腔進入一探症狀，嘿嘿！答案揭曉：真的沒事！

從螢幕上看到整個喉管處發現，因骨釘植入擠壓關係導致右壁面稍微突出，形成喉管一節些許縮小情形，進而產生空間「堵塞」感覺現象。

找到問題關鍵所在，只有「與病共存」的心情面對與接受。職工旅遊唱卡拉OK，發現連起音唱歌也不行，沒有高低音差，無法開腔共鳴，唱不出聲來！心想：未來可能三年無法唱歌，還有要像過去一樣大聲說話可能都不耐操了？

同仁問：「什麼時候骨釘可以拿出來？」

回說：等百年作古後。

一旁闕董事說：「阿里很樂觀。」

一年後，社區住戶邀約唱歌同樂，沒想到又復原能唱。

人講：頸部長瘤，堵住（遇到）！我非長瘤，是一柱擎椎。

縱然生性樂觀，此際不看開一點，還能怎樣？唯有「與病共存」與之偕老，等過一些時日磨合適應後期盼能相安無事。至少

現在已改善左手酸麻現象，晚上能安然入睡了，能恢復正常運動使力與工作活動。

如果頸部留有疤痕又拉緊脖子狀，奉勸儘早手術放鬆頸部，以免長期拉扯導致頸椎異位變形壓迫神經，像我一樣遭遇再動刀就麻煩了。

積極態度面對苦難處，總有柳暗花明時，人生總有意外之外的事來突襲，就像這一次疤痕拉扯導致壓迫中樞神經症狀，如何在處理過程中重新學習如何自處之道。

驚奇！發現白內障、器官老化

二○○六年十二月五日，員工身體健康檢查進行視力檢測，護士說「右眼視力有問題，還有腹部超音波發現水泡囊」，醫師說：「右肝一顆約二至三公分，左肝一顆約零點九公分大小水泡囊！」

一時心情沉悶不開心，直覺怎麼會這樣？事後安排長庚醫院肝膽腸胃科門診，醫師說：看起來是透明的水泡囊，尚且沒有關係，以後定期回來追蹤觀察是否有變化。

問醫師：這水泡囊多久時間會形成如此大小體積？

回說：「很難說，而且之前沒有任何檢測紀錄可作比對判讀。」

定期做基本項目檢查，發現缺B肝帶原抗體，即本身沒有抗體！後續追蹤了三年，自費接種B肝抗體疫苗，並沒有顯著表現出抗體。醫師說：「可能是體質關係，只要沒有被感染B型肝炎

就不是問題。日常要注意飲食衛生，不要被傳染就好。」

　　注重生活飲食與睡眠習慣，儘量在家用餐，在外不大吃大喝，不熬夜冶遊生活，反之定時定量，早睡早起過日子。

　　年紀漸長，身體日益不佳，真是始料未及！大病未有，小毛病不間斷。緊接著去看眼科醫師，想要了解視力模糊是怎麼回事？

　　經過儀器檢測與診斷後，醫師說：「右眼患有白內障，眼壓值正常，視網膜正常，以目前情形保養的還不錯。」

　　醫師說：「眼框太小（疤痕攣縮所致），無法雷射手術！眼框疤痕要先整形放大，轉介大醫院看眼科。」

　　依約看醫師，進行同樣檢測過程，說法與之前一樣症狀，即要先整形消除眼框疤痕；會診整形外科醫師說：「之前主治醫師是誰？」答說：長庚楊瑞永醫師。

　　「那您要不要回去找他手術？」折騰半日回到原點，嘆口氣消解無奈；只好認了，真是臭頭厚藥！剃頭店公休，沒理髮（理法）！

　　二○○七年三月二十七日下午，林口長庚醫院報到住院，隔日一早進開刀房待命，護士準備好手術前各項醫療儀器設定，就等待楊醫師到位動手術；此刻，護士見我血壓升高、心跳加速，要我放輕鬆，不用過度緊張，同時施打鎮定劑安定下來，開始與我聊起來。

　　護士問說：「您是不是上過『于美人晚點名節目』」？

　　回說：是。

　　再問：「為什麼會去？」

回說：出版過《阿里疤疤——臺灣最醜的男人陳明里的故事》一書。

護士又驚又喜說：「是喔！」

回說：是啊！

「要去買來看。」手術房常客，不被問也難；也因如此對話，讓心情緊張狀態舒緩下來。

楊醫師一個箭步進來問我要手術那裡？才接腔來不及說出話，麻醉師隨即順手推上麻藥，頓時一片片閃爍似萬花筒飄飄然飛向仙境，帶我入睡駐留虛無飄渺間！心中有點遺憾，擔心他會不會忘了我的期待。

晚上六點後，從恢復室送回病房，近八點時甦醒過來，聽到太太的聲音知道手術結束。二眼全曚住，一片漆黑見不到光線，又手術後傷口正腫脹，醫囑交代暫時不要動眼睛或張開眼動作，嘴巴不要張合、說話。

護士問：「傷口痛？」揮手比OK手勢示意，表示還可以。護士說：「等排氣後喝『流質』食物，嘴巴不得過度咬合運動，避免影響嘴角傷口縫合線。」

一次手術動二眼眼瞼上下眼皮處，右眼外角切開、左眼內角下方眼瞼外翻全面植皮，比較可惜右眼外角植皮沒有成功，因為淚水浸濕加上眼藥水，要植皮成功比較困難，眼框放大空間仍不夠，另外要等眼皮柔軟些，才可以安排做白內障手術，這樣才不會影響眼壓。

同時嘴角二側疤痕攣縮切除，為何要動手術？只要是嘴巴張不開，影響看牙醫時張大嘴巴空間，如洗牙、拔牙（智齒）、補

牙（臼齒）等，嘴巴張不開，器械很難擺放、操作器械等使力，還有角度迴旋都很難進行，如此這般牙醫師往往藉詞不做治療。

麻醉醫師嫌嘴巴小，手術前要放呼吸器械很困擾，前面的下門牙就是曾經被硬扳開而走樣，這也是為什麼怕手術的主因之一，其次是找不到血管打點滴，針頭扎來扎去找血管讓人很不舒服，每一次被針頭扎個四、五針不為過！

現在嘴巴比以前大一些，然還是不夠大，只要是接近嘴角處疤痕已定型、沒有柔軟度及彈性，平時要作張嘴動作，運用壓舌板一片接一片堆疊撐開擴張嘴巴空間，假以時日看能否大一些！譬如一口就能咬住一顆蛋的大小。

朋友問：「什麼時候手術『白內障』」？

「一目了然」獨眼龍！一眼看透各位心情，像單眼相機一樣清清楚楚聚焦。人之所以貪心起邪念，就是因為雙眼看太多？朋友笑說：這是什麼阿里歪理哲學？都這時候了，您還有心情鬼扯蛋！

二〇〇七年七月初，回臺北長庚眼科黃恬儀醫師門診，期間每個月定期追蹤看診，雙眼眼睛健康檢查，確定可以進行「白內障」手術置換「人工水晶體」。但是，黃醫師說：「您的情況要事先向健保單位提出申請核准，才能進行手術。」

「為什麼」我問。

「因為您年齡未滿五十五足歲，依健保給付規定要自行負擔『白內障』手術醫療相關費用。這個行政程序大約三週時日，很快就會下來。」

聽從黃醫師說明，耐心等候結果。

八月十六日上午十點，老婆陪伴到眼科門診手術房進行「白內障」手術，楊嶺醫師（專攻視網膜）主刀與黃恬儀醫師（專攻眼整）一起會同開刀。

在簡單的右眼眼周局部麻醉後（人可是完全清醒的），隨即聽到一陣陣手術機滋滋聲音作響，感覺淚液點滴交錯流動著，不稍一個小時順利完成置換「人工水晶體」手術，楊醫師親切的說：手術很順利，回去不要碰水（一個月）及提重物件等動作。

按醫囑；隔天回去換藥，一打開藥布，瞬間強大青色光刺眼，有如雪地泛白光直逼映射，相當不舒服！護士檢測視力值，竟然從0.2回復到0.8視力，出乎意料之外！二位醫師滿意極了。

起初一、二週，兩眼視差有如天壤之別，對於視覺光線表現很不習慣，尤其右眼看電視螢幕色澤更加鮮艷亮麗，感覺很奇妙，視覺怪怪的。

過了一關又一關，下一關是什麼？不知道。

說人生不按牌理出牌是真，意外總是來的快，每個人要有所認知意外會隨時來突襲，學習面對環境的變化，以及如何因應人生偶遇出現的「變化球」！

當下放開心情，面對不可測的人生。

溢赤酸、胃食道逆流、潰瘍症狀

話說從頭，溢赤酸，火燒心，胃食道逆流，食道潰瘍症狀。

大約在二〇一二年間，感受到胸口心窩處，突發一陣短暫（前後約十秒上下）的不舒服現象，尤其是清晨熟睡時分之際，

更加內心恐慌不知身體狀況為何？

　　疼痛現象頻率幾乎一季出現一回，或半年之間就來示警一次，確實引起心理不安與緊張心情，生活上惶惶不可終日，思量後決定去看醫生。但是，看那一科？

　　首先安排臺大胸腔科門診，經醫師醫囑照X光片檢查診視後，醫師說：「胸腔正常，沒有問題」。然心裡頭還是沒有放下疼痛症狀疑惑！這胸口怎麼可能沒有問題。

　　不記得多久時日又復發抽痛，頻率大約半年時間又來示警幾次，這偶發性現象不管是凌晨或白天都曾經發生過，憂慮不安之心持續盤旋，從來沒有消解去除過。

　　不確定的症狀困擾總是縈繞在心頭不去，一時間門診找不到病因（名）症狀為何？然前述症狀就是不定期復發抽痛又瞬間消逝的跡象，這該怎麼辦？

　　知道的事，不用害怕；不知道的事，總是憂心交織與猜疑不安。

　　二〇一四年間，轉往長庚心臟科門診，經李醫師醫囑照X光片、腹部超音波、抽血檢查診斷後，李醫師說：「心臟正常，沒有問題」是「胃食道逆流」。

　　經過一年的慢性處方服藥「胃食道逆流」治療，覺得有控制下來，症狀（現象）發作頻率有和緩紓解，發生疼痛大約半年期偶一為之。但是，警戒之心未曾解除。

　　停藥中斷一季後，又復發溢赤酸現象，心理開始緊張起來，頓時又胡思亂想揣測是否沒有完全治癒完成，只好再次回門診服藥持續半年期間後中止療程。

平時很忌口節制及挑選飲食菜蔬，如三餐少吃辣味刺激性，少甜食（轉化為酸性），少肉類脂肪等食物為主。但是，偶一為之少量一杯紅酒下肚測試狀態。

欲知那些食材是過度反應之食物，紀錄得知米製、麵食類等調理再製食品比較不適，如蘿蔔糕、饅頭、碗粿等發酵性食品，刺激性調味料、甜食等會誘發反胃、溢赤酸現象，這味道實在很難受，另外想了解那些食物會引發胃食道逆流的過程還真是累，總要親自試過後才知道那些食材真的不能碰。

神農氏，嘗百草；我，嘗食物。

二〇一五年間冬季，喉嚨開始出現「哮喘」微弱雜音聲響，呼吸有時會不順暢與舒適感並存，尤其冬季睡覺時還會上氣接不了下氣情勢，內心真是慌張不已！

趕緊找耳鼻喉科好友洪德仁醫師看診服藥治療，前後歷經一年期（慢性處方）投藥追蹤治療過敏性（體質），自以為症狀好了，就在中止停藥一季後，再度出現呼吸雜音，只好重新服藥治療控制為宜。但是，心中不疑有它項病灶因素互相影響干擾情事存在。

二〇一六年十二月下旬間，夜晚與鄰居好友一起聚餐，喝了一杯二鍋頭烈酒，午夜熟睡間，突如其來一口滾熱的酸液瞬間直沖喉頭、侵襲滿喉嚨，一時氣味非常不舒服又難受；立即起身趕緊喝下一大杯白開水300cc沖淡「溢赤酸」的味道。

此際心裡頭完全知悉胃食道逆流症狀未痊癒的事實，左思右想要找到對的醫師徹底治療為上。但是，要掛那一科診察？搜尋大醫院網頁資訊就是肝膽腸胃科門診。

二〇一七年八月七日，擇期馬偕醫院竹圍分院門診掛號腸胃科。

首先劉醫師問診症狀發生時期、間隔後，即開立內視鏡與腹部超音波檢查日子，一週後再回門診聽取檢查報告，確定胃壁內有些微破皮現象，接近賁門處有二處各有一公分大小食道潰瘍跡象，肝臟內有積水囊（良性）大小約七公分。頓時拉回記憶，還記得二〇〇四年長庚醫院檢查時約二至三公分大小。

緊接著問如何治療肝臟水泡囊？

醫師說：「等水泡囊十公分左右再來住院進行腹腔抽水治療，如此健保才有醫療給付費用。」

回想胃食道逆流過去有吃藥治療一年多，卻沒有完全根治病因很懊惱。

怎麼毛病這麼多？！了解診斷狀態下，心裡頭有些許莫名惆悵與無力感湧上來，真是多災多難的身了，能怎麼辦？另外請教洪醫師問病情對照有關微弱的「哮喘」聲音因子是否與食道潰瘍有正相關之關係，合理的懷疑八九不離十相互牽連著。

做個好病人就是要遵從醫囑服藥與追蹤回診到整個療程結束。

醫師又說：「因賁門弱化，用餐後未消化即半躺容易引起逆流。」

聽從醫囑處方指示按時於早晚飯前服藥與睡前服15cc胃乳，注意飲食生活要規律，早一點吃晚餐（晚上五點之間），避免餐後立即上床睡覺，禁忌喝烈酒、辣椒刺激性食材，平時多運動降低脂肪肝肥胖情勢。

慢性處方簽療程一次三個月定期領藥，按照指示服藥，感覺夜間溢赤酸，火燒心，胃食道逆流頻率逐漸緩解及進步改善，心裡頭的不明憂慮終於舒緩下來，逆流情況已好轉及治癒。

二○一七年十二月中旬，再次內視鏡與腹部超音波追蹤檢查，確定胃壁內破皮現象已治癒，同時切除一處小息肉，二處潰瘍跡象已縮小為0.5公分大小確實有進步，肝臟內積水泡囊（良性）大小仍約七公分左右，待後續門診追蹤治療痊癒。

知悉症狀轉好，心中憂慮漸次緩解，希望如醫囑投藥康復即早恢復正常。

早期發現，早期治療；養成知覺身體器官不適能力，敏感病痛源頭是件很大的功課：絕不要諱疾忌醫，及時就醫很重要。人講：藏酒會香醇，久病會沉重，這般道理大家都知道。但是，為什麼仍然有些人還是來不及治療存活下來？

如何照顧身子其實很簡單，那裡不舒服或異常感覺，就是找對的醫師看診，多問，多打聽，多參考。

這般無來由症狀折騰，莫名其妙無端侵襲生活步調，只有正面以對接納身體器官的變化警示，並且遵從醫囑耐心的治療到康復為止。

高齡化，面對不可逆的人生

媽媽，身體逐漸老化、退化、衰弱，逐年快速退步，必須持拐杖、撐住床沿、牆壁、桌椅等輔助助力，才能勉強起身緩緩走動於室內活動，外出必須藉助輪椅活動。

一九九七年，身體不適緊急就醫，於臺北士林區衛生所（健康中心）門診，經巡迴醫師診斷患有高血壓症，即開始服用藥方控制，以及早晚量血壓觀察日常變化。

　　勤儉，不浪費，飲食清淡、真挑食、不吃零食是她的生活準則。但是，長久累積下來出現營養不均衡的問題。

　　二〇〇七年二月，大年初二，清晨五點左右，媽媽欲上洗手間小解，待走出臥房門口，突然感覺一陣暈眩，導致跌倒地板上（還好非骨折），撞擊到右臉頰與眼框間，形成瘀傷、皮層發紫一圈。

　　不得了，驚動睡眠中家人，二哥隨即送高醫急診治療。

　　查明原因，得知「鈉離子缺乏症狀」，從飲食補充即可恢復健康。為何如此？係媽媽生性忌口，不吃的食物很多，又偏食與挑食所致。

　　醫師人聲問診；「阿嬤，您是安那受傷仔？」，連續數聲不停歇。

　　我回話說：「在臥房門前跌倒」。但是，醫師不理我，持續問話。

　　老人家忍住傷痛，就是沒有出聲立即搭腔回應醫師的問話。

　　好不容易，媽媽終於開口說：「自己爬起來要去尿尿時跌倒！」

　　醫師收到媽媽的親口回話，才專注地進行診察動作。

　　我懂了，醫師要確認症狀是如何發生的！或者外力的傷害。

　　經醫師仔細檢視發現額頭撞傷及眼窩如拳頭般大小淤血、腫起來，並且後續留院觀察；待抽血檢查驗出為「鈉離子」不足、

失衡現象；同時檢視出疑似患巴金森氏症，即手腳下意識抖動、無法控制跡象，令人憂心忡忡。

整個人如洩氣的皮球般變形，完全要依賴他人協助起居生活。

住院一周餘出院，從此老人家的行動已造成嚴重傷害，體力呈現急速衰弱現象，必須要有人攙扶、拉一把才有辦法站立起身、緩緩移位、行走活動；前後經歷三年調養身體，並且在家陽台步行復健自主管理運動。

二〇一〇年，始見神色好轉，惟體力已大不如前，僅能在陽台空間來回緩步走動，若要下樓找鄰居閒話家常已是奢求事，老人家形同被禁錮囚禁在「家牢」般生活，出門社會參與一定要坐輪椅才能接觸外界的氣息。

視茫茫；髮蒼蒼；齒假牙；聽力入「重聽」，要在電話中說話、對話，聲量有如在吵架，經常是雞同鴨講喊話，一再重複詞句。

這些年，媽媽會自己撥打電話到臺北，方法是姪子教她如何使用電話按鍵大數字撥號方式操作，三不五時就打電話上來問候聊聊天。

千里一線牽，不輪轉的臺語溝通，形成祖孫說話障礙。

電話話家常場景對於孫輩有如鴨子聽雷般不知所云聽不懂。小孩接到阿嬤的臺語電話聲，個個有如驚弓之鳥不知所措，莫不大小聲喊救人快來接聽，即使相見問候或說上一兩句也會自動停格休止。

不定時下南部二哥家看媽媽，聽她回憶往事，說故事，說鄉

野趣談，已成為一種母子的對話心情，也是一種享受慣常生活模式，亦帶我回到過去孩提時代逐漸消失的記憶旅程。

這般聽故事的場景或許大家不喜歡、沒興致。但是，我當成讓媽媽說出孤獨心情的生活方式，總要有人聽她說說話，不要在乎話題與內容及人物是誰，而且大半是重複性的生命經驗素材。

媽媽是天底下最棒的母親，母兼父職養活五子女真是不簡單。

一生以媽媽為榮。

「不能走；不能動；這裡痛；那兒麻；器官功能退化性；全身不舒服；活這麼多歲數幹什麼！」身為子女者聽到她的真言，心裡的感受實在不好受、不舒服；只能安慰她，不要想太多，轉移提醒她是有福氣的人。

望著媽媽的身子有如日落西山般消逝、暗淡，令人不捨與無奈歲月不饒人。健康就是寶；幸福常圍繞。

二〇一〇年間，診治發現心律不整，一併服藥控制，尚屬穩定狀態，偶有胸悶不舒服。但是，想問發病問題在那裡？

二〇一二年初，全身健康檢查找出患有甲狀腺腫大，已影響呼吸道呼吸順暢情形，日常會上氣不接下氣狀，呼吸似要窒息休克般。

正常人呼吸道大小約為一點五公分大小；媽媽的呼吸道已被甲狀腺腫大壓縮剩約〇.七公分，導致氧氣量進出不足又非常不順暢情勢，若是平躺下來會有卡住喉嚨現象非常不舒服，並且無法安眠入睡，要起身斜躺一個姿勢才能安穩入睡；如此睡眠品質翻騰折磨終日，影響生活品質，精神變的很差。

已近九十歲高齡（一九二二年出生）要動手術沒有把握，面對甲狀腺若不進行手術改善隨時會有狀況發生，並且涉及其他病因干擾症狀折騰老人家；二哥與我商量後決定動手術一博。

　　醫生表示：「此類型患者年齡平均在八十三歲上下」不用太擔心。但是，家人還是擔心老人家體力是否能撐得住？

　　二〇一二年七月，著手安排住院，手術順利摘取甲狀腺腫大，經服藥治療亦消除手麻現象，呼吸道急促性雜音也獲得改善，可以放心入睡了。但是，每日要依賴指示用藥補充鈣質的乳液作為治療穩定症狀。

　　兄弟各有事業、家庭要兼顧，要如何分工來照顧媽媽？

　　決定僱用看護照顧媽媽，同時向主治陳醫師口頭提出檢測「巴士量表」。

　　期盼有專人全日看護陪伴生活起居，至少在狀況發生時有人在旁照顧，避免意外發生時（預防勝於治療）無人及時照護、通報，延誤關鍵的送醫時間點，以及產生後續問題顯得更加棘手大條。

　　順利摘取甲狀腺手術，住院九天，出院後，即時找臺勞看護。

　　出院不適，隔日又回急診等待二天，抽血檢驗為「鈉離子」不足、失衡發作，打針補充「鈉離子」後回家。但是，二日後，臺勞受不了二十四小時照顧工時，以及老人家的嘮叨壓力下而離去。

　　媽媽面臨日間缺乏人力陪伴，以及病發時立即性送醫處遇之憂心；這個擔心正是為人子女心頭的痛與不安之所在。

二、三個月不定期出現「鈉離子」不足、失衡狀況，人會不舒服、噁心、嘔吐，這情勢一直重複發生，一發病就急診、留院打針補充「鈉離子」變成常態性。

　　二〇一二年八月，好不容易主治陳醫師開具「巴士量表」評量為三十分。但是，「需二十四小時照護項」並未勾選。另外勾選並且加註「目前無法判斷，理由：……。」這「巴士量表」有開等於沒開？！令人氣餒又無奈。

　　要問這評量分數既已達到「巴士量表」三十分為何不能直接開具外勞看護工需求！如此評量矛盾現象令人不解道理為何？

　　等待與不確定是無盡的折磨。

　　醫院將巴士量表文件寄給戶籍地縣政府長照中心；並且聯繫上家屬相約核對身分證件確認身分（亦告知勾此第二選項可能過不了）；長照中心再寄給勞委會聘僱外勞之承辦單位；預見結果為「駁回聘僱外勞」。

　　偶遇見街頭、鄰居比媽媽身體佳者大有人在有看護陪伴照顧，讓我心中疑惑？無法釋懷「巴士量表」評量真偽！羨慕有些人可以大剌剌地「騙取」到「巴士量表」證明，又聽聞個案個別手段無奇不有，有假扮裝聾作啞不回應問話者，有假裝癱瘓在輪椅上不能動彈等招式過關者。

　　嘆！媽媽太老實，難以通過評量，因為當下她能起身移動。

　　家人心慌慌與無力感交錯；感慨這個制度是個「幌子」空心招牌無實質作用！對於真有需求者卻無法及時相助以解人民之疾苦。

　　眼看醫療專業與制度設計無濟於真正需要者之需求，政府逼

迫有需求者、家屬走上「仰不足於照顧尊長」之無奈地步！

再說看護工臺勞投入意願不高（做），外勞制度不鬆綁，形同政府部門、營利組織、非營利組織對抗「有需求者」的局勢對立！真是受夠了！

強烈感受到制度的僵化與長照無用論全面齊上心頭翻攪不止，個人的力量或許無法憾動政策、制度及改變各方不同意見。

然而高齡社會、老化社會、少子化家庭已是不爭的事實，再下去只會惡化人力問題，並且讓正直善良人家走上旁門走道方向姑且不論，即將快速浮出「長照政策」究竟有無效能助益需求者，而非研討會老是出現官民「答嘴鼓」無力解決問題的場景對話，整慘需求者的需要問題。

個人認為高齡八十五歲以上老人（現行機制），不論其身體健康狀態如何，如果家人衡量有生活照顧上的需求，再加上政府設計一些機制要件審查即應無條件給予聘用「外勞」的支撐性服務，以實質幫助及維護家庭正常功能，提升就業率讓年輕人出外賺錢養家支撐家庭開銷才是上上之策。

讓夫妻雙方安心去拼經濟，有替代性人力支援日間照顧及夜間陪伴角色，如此兩全其美，全民拼經濟有益國家總體生產力，何樂不為。

論要自己照顧父母，家家有本難唸的經，想自己照顧母親。但是，當今生活環境不工作那來所得（基本收入）養家及養育子女所需費用，當今家裡的經濟負擔責任，已非一人所能支撐就夠安身立命。

以個人而論，兄弟三人各自分別定居於屏東‧高雄‧臺北

三地，論住宅環境各有優缺點，家戶人力、生活空間「住宅無障礙」及氣候因素等條件不一樣，這些對於老人家是非常重要的生活條件與考量指標因子。

媽媽喜愛熱鬧生活，日常找鄰居聊天，住鄉下老宅是她的首選。

媽媽想住那裡，我們尊重，並且全力照顧支持。

衷心感謝二哥及二嫂長年以來全心力無微不至照顧媽媽，讓她安心頤養天年，她習慣於高雄的生活環境，還有偶而不定期回鄉下故居大哥處尋訪老友活動；若要來北部住居則要看當下健康狀態與季節氣候的適宜性，如冬季就是很大的挑戰。

常言道：「多子餓死親人，一點也不為過。」這是不樂見的情勢。

高齡社會、老化社會、少子化家庭快速挑戰臺灣長照制度。如今還有多少人的處境與我們一樣，有多少家庭面臨無人照顧長者困境。

政府為人民存在，就必須負起完全責任，如果以口號治國，政府失靈不檢討，人民只有受苦首當其衝，只好用選票換人執政。

要問執政者（黨）態度：不要逼迫需求者癱瘓在床上過日子，不要把人民釘在輪椅上直到癱軟時才給照顧資源賴以活下去之地步！

四年一次選舉，「水可載舟，亦可覆舟」，執政黨不可不慎。

二〇一二年九月十三日，二哥來電說：搞定了！

不安的心，終於放下，一方等官方行政程序作業走完，申請照護工陪伴媽媽生活起居，照顧料理飲食是件美好的事。

走過這些陪伴照顧的歷程才知悉高齡社會及家庭一定要有所心理準備與因應之策略，若要靠政府麻痺施政，不如靠家族的能量，政府當然不能置身事外，不然人民依法繳稅給國家要幹什麼？

醫療品質提升，高齡社會來臨，您準備好面對與因應計策了嗎？

當今要照顧好高齡者確實不容易，要讓高齡者日常生活正常化更加不容易，因為身體狀況及精神狀態隨時都在消磨改變與無常變化。

身體行動不便者就該被禁錮起來嗎？

老了怎麼辦？友善生活環境在那？臺灣準備好了嗎？身為工作者憂心忡忡，期盼迎頭趕上歐美日國家，在基礎建設上用心規劃設計相關設施與施作時一定要符合人性化。

臺灣邁入超高齡社會已在眼下，首先不容忽視的居住環境應該就垂直移動系統（電梯）與平面移動系統設施設計無障礙化，對於兒童、少年、婦女、老人、身障、膝蓋或髖關節弱化、臨時行動不便者與孕婦在生活上會有很大的幫助活動，可以消除行動上各式各樣的不便與潛在危險性的事發生。

老人家，在體力上及行動移位方面，漸漸地倍感吃力與困難重重！無法穩步行走上下樓梯，亦且走不遠、走不穩、走不久，

不能找鄰居說話聊聊天，真是悶。

　　心中不忍與慚愧無法陪她，承擔日漸退化的軀體，這不捨的心情一直盤據在心底，幸好有二哥及二嫂細心照顧，讓媽媽過的舒適自在的養老生活。

　　有高血壓，心臟不適症狀，長期定期服藥控制。

　　一場小病，起了大巨變，有關食衣住行娛樂生活完全走樣改變，幾乎已無法獨自行走、甚至於生活起居都呈現退化緩慢狀態，走路完全需要人陪伴在側扶持平衡預防跌倒受傷，或者協助倒茶水、穿著衣褲、餵食用餐、分辨藥劑投藥（視力變差）與陪她說話，聽她回憶倒帶述說昔日的往事。

　　有一陣子，媽媽只能在起居室客廳用餐，浴室與臥房間流動行走，體力已無法行走樓梯，生活型態完全變樣。出門到大樓下活動空間，與左鄰右舍同輩話家常、進行社交活動幾乎已停擺。

　　人都會老，體力會衰。但是，都更無望，建築硬體設計（處處階梯）卻影響全人的行動歷程，亟需大家正視與面對問題嚴重性，否則總有一天，叫天不應，叫地不靈，那才傷腦筋。

　　為何營建、工程專業人員如此短視近利，欠缺人性設計思維，結果大家深受其害！以臺灣建築技術規則建築設計施工編第一二節昇降設備——昇降機之設置依左列規定：一、六層以上之建築物，至少應設置一座以上之昇降機（電梯）通達避難層（一樓）。這實在是一個落後的思維，只因考量建築工程費會多花錢與維護費作祟！二到五樓建築物沒有電梯怎麼辦？

　　研討會上有位建築師分享他住四樓無電梯的房子，年紀大了，行動不便又日愈老化，無法上下走樓梯進出，感慨自言：真

是害人，又害己。

媽媽調養半年後，體力逐漸復原，可以勉強移動走到居家前之陽台，一年半後，能舉步跨出住家大門搭電梯，勉強步行到樓下「階梯」、「斜坡道」外出活動，若要走五十公尺外，鄰近小公園納涼就倍感吃力，要花一二十分鐘，並且持手杖分段、分段移動身子，才能安然抵達目的地活動。

某一年，媽媽電話中告訴我「她做到了」，現在能走出家門運動了！當下感動到無言又興奮告訴她，要小心，慢慢來，不要急。

一家大小外出聚餐、出遊真辛苦，老人家上下階梯舉步唯艱。

除夕前，二哥帶著家族人一起用餐，一進門見餐廳樓下座無虛席，沒有電梯設施設備乘載，媽媽被迫從一樓起用推、拉的方式，爬上二樓餐桌坐位，滿臉無奈又不安心情一時堆上心來，很勉強踏步拾階而上，一面嘀嘀咕咕嚷著「幹嘛要來這裡吃飯？不能換一家嗎？又不是沒得吃！」這一餐媽媽吃的很不開心。

為何室內、戶外環境空間如此「不友善」，對待行動不便者（輪椅族）、孕婦、老人家、臨時行動不便者、體壯胖子，生活上寸步難行。

二〇〇九年，春節除夕，為留下珍貴影像，二哥來電邀約一家南下與媽媽合照，當日依約帶她前往照相館，熟知障礙事情發生了！

攙扶著媽媽進入店面一樓接待室，仔細一瞧空間，請問攝影棚在那裡？

小姐說：請上五樓！

我的媽呀！這⋯⋯！

再問：有沒有電梯？

小姐回說：沒有！

重重的一拳打過來，服務人員不帶一絲歉意與溫暖給老人家。

媽媽聞言，又見一樓通往二樓不規則旋轉型樓梯設計，大驚失色、望之怯步不前，大聲嚷嚷說：不拍了。

耐著性子開始哄她、安撫她，與兒子二人一面運用後背推力，從背後支撐著她，一鼓作氣往上推著走，同時變換姿勢協力連拖帶拉行進，從一樓推、拉、扶上二樓樓層化妝室，再從二樓推、拉，扶上三樓、四樓層試衣展示間，終於安全的推、拉、扶到五樓層之攝影棚間！

到達五樓，三人倒抽一口長氣，各自氣喘噓噓相視，互相鼓舞一番，哇！終於到了！此時她早已上氣不接下氣！怎一個「喘」字了得相待。

這上五層樓的路程，足足走了半個鐘頭。

凝視媽媽身影，讓我驚喜交集。媽媽體力衰退，已不復往年健步如飛。

上下樓層還好有分樓、分段走讓媽媽喘息，並依偎緊貼其身邊（安全感），使其有體力支持，避免造成跌坐狀況發生（近身保護），好不容易一家人與二哥一家人及媽媽全力配合下，終於完成拍攝紀錄。

下來走樓梯，又是一番折騰與驚濤駭浪！

擔心她若失足滑落下來，該怎麼辦？

向工作人員反映是否改裝室內型昇降機，她說：「房子租的，老闆不在。」

室內昇降機最適合有產權獨立、獨棟老舊建築物裝設使用。

顯然他們沒有意識到商業行為背後應有的貼心服務，與人性化服務及提供完善安全的設施設備作為後盾支持客服。

人生從小到老身體、心靈會變成什麼樣貌，無法預知與不可測，無法掌握拿捏或大言不會在自己身上堵到，大家不用鐵齒巧辯或夸言不會是我。但是，總有一天會等到您。

面對不可逆的人生，該如何是好？

凡人肉身都不會是永遠處於「年輕力壯時期」，即使年輕力壯鐵打的身子也會有「臨時行動不便」意外情事近身與您共舞體驗或糾纏一陣子，甚至於有一段時期共存相依要調適養心。

有障礙的住宅該怎麼辦？

除了非常破壞，才有非常建設之外，籲請大家一起搶救室內與戶外空間，為全人鋪設全面無障礙融合設計居所與生活休憩活動旅遊場所，這是個人理想與大聲的呼籲，請有心人士一起來改造無障礙運動。

社會需要進步，就從這些看似不足為道之處，從居家生活建設之處做起，從小處著手，大處著眼下手。

公共設施硬體環境可以用錢改善，人性善念必須從生活小事做起，如今看見這樣的障礙在改變，感受到人文社會在改變。

語重心長，家人及親密愛人行動不便者就該被禁錮起來嗎？

按內政部不動產資訊平台網頁房屋稅籍住宅類數量依總樓

層區分二〇一八年第一季統計全國1至15層樓有8,540,639戶，1～3層（宅）3,992,734戶（比例占46.75%），4～5層（宅）1,909,391戶，（比例占22.36%）。分析全國房屋1～5層（宅）總共合計5,902,125戶，占69.10%有垂直障礙的環境問題。

易言之，有5,902,125戶可能有需求及被正視看待行動障礙服務的事！若以10戶1人推估需求，就有590,212.5人要出門或回家的問題要解決上下樓。

數字還不包括六樓以上有電梯設施設備戶在內未被紀錄的大樓障礙黑數，換句話說，有些大樓是將基地第一層墊高在一百公分以內的高程設計，如此設計基地一樓或電梯出入口就產生五至六個階級（各二十至十八公分高）障礙，行動不便者上下樓就困難重重！

統計數字會說話，不說出不代表沒需求，從上述近三分之二沒有電梯設施設備，尤其老舊建築物絕大多數多有垂直障礙問題！如要去門診，抽血，復健，回診，洗腎，洗頭，公園休閒，婚喪喜慶宴會，社會參與等人際互動、交誼您說該當怎麼辦？還是完全忽視隔離他（她）的需求？

分析臺北市有891,276戶（1～16層／宅以上），其中1～3層（宅）83,973戶（比例占9.42%），4～5層（宅）394,616戶（比例占44.28%），合計1～5層（宅）478,589戶，占53.69%。**若以10戶1人推估需求，就有47,858.9人有爬梯機服務需求。**

分析新北市有1,575,205戶（1～16層／宅以上），其中1～3層（宅）509,065戶（比例占32.32%），4～5層（宅）331,164戶（比例占21.02%）。合計1～5層（宅）840,229戶，占53.34%。

若以10戶1人推估需求，就有84,022.9人有爬梯機服務需求。

想不開的人，對於老舊房屋要整合都更改建比登天還難，眼下一時三刻救不了現實存在的樓梯障礙問題！

有人說搬家以解燃眉之急，惟搬家只是加速老人家加深對環境的衝擊與不適應而已，並且頓時失去左鄰右舍好友可以聊天的落寞與空虛感！所以搬家是最後的手段。

納稅人要問中央及地方政府的施政作為，當下長照服務到底在做什麼？

全國那些縣市有誰提供爬梯機上下樓服務？

二○一七年新北市補助爬梯機（履帶式、撐桿式）上下樓服務方案，首年分為三重、新莊、板橋、蘆洲、中和、永和、新店等七區，二○一八年開放新北市全區，擴大服務區域範圍到偏遠地區。

補助資格首先必須事先申請蘆洲輔具中心職能治療師到宅勘查樓梯無障礙環境檢視可行性通過，並且符合爬梯機輔具能安全操作的空間條件（階梯級高20公分以下，踏階級深26-28公分以上，中間平台（折梯）寬與深度至少110公分以上）才行。

其次補助金額分為一般、中低、低收等三種身分、對象，金額按樓層高低定價及身分、對象計算給予不同差額補助費設計，按服務計畫委由《行無礙協會》辦理到宅專人專機服務作業。

相較於淡水河右岸的臺北市又是如何提供服務呢？

臺北市現行提供28台履帶型爬梯機，其中輔具中心12台、西區輔具中心3台（委託伊甸基金會），民間單位伊甸基金會提供13台租借使用模式。如經評估環境符合爬梯機產品規格，則提供

一個月免費借用服務，於借用前提供操作者指導及訓練。爬梯機輔具以自取為主，如民眾無法自取，始自行接洽計程車或由廠商運送。

等！等！等！等到天荒地老！其他直轄縣市的服務就慢慢地等待吧！至於政府推動長照服務事項何時會提供這項服務無人知？

申請人要排隊等待有空機才輪得到使用，問題是服務使用者當日有迫切性上下樓需求就掛了！如患者出院計畫、門診回診、定期復健、社會參與、日常生活等等活動發生，試問能一直等待下去嗎？

您勇敢嗎？坊間有人用揹的，抬的，扛的，真是五花八們提供不怕死的服務！我們不支持用揹的，抬的，扛的人力性服務。收費一趟次二千元價碼起跳不　一，體重超過一百公斤以上的自己想辦法！

人民繳稅給國家、給地方政府稅收！若以雙北市爬梯機上下樓服務做比較，就可知道那一個直轄市政府有提供比較好的服務！那一個仍然耗在一旁等待提供服務的地方！

意外總是突如其來，身體行動不便者要出門就當無望嗎？

要尊嚴生活，要有生活品質，想一想，您的家人及親密愛人的生命，因為高齡老化、器官退化、膝關節、髖關節、肢體障礙，以及臨時受傷不良於行等諸多因素交錯造成日常生活不便者日亦增多已成不可逆之情勢，您準備好了嗎？

長照，照出什麼問題？需求，政府看見民之所欲？

現行長照服務內容事項無法滿足眾多個案樣態需求，全國唯

一《行無礙協會》提供爬梯機上下樓服務需要您伸出援手永續捐款支持，百元不嫌少，萬元不嫌多，讓更多及時需求者獲得寶貴的服務資源，自由自在走出戶外過一般人的日常生活至所期盼。

但願眾生，隨意自在，所行無礙。

PART 2 使命上路，懷著倡權而來

蟬

夏至
一聲令催
點滴露水穿針引線
灌注黑暗的地底
將蟄伏捲曲的蛹，化作蠕動的羽衣
偶然叫醒，天地立開
緩步弓形態，上樹幹梢頭
吸吮汁液、滋養、滴滴甜美
待我羽翼豐實

蛻變
成長的代價，脫殼自求美麗
夢想，是催化生命力元素
青衣薄紗，偽裝避天敵　本然
周而復始，不懼，長尾山娘，笨賊環伺
本來無一物，相煎何太急

青山依舊在，欲何處落腳
待午後放聲啼唱

唱和
一方露水護身，一陣清風加持
前院、後院、荒郊、野外、山澗、水涯、森林
概已佔據，無所不住，唯我獨尊
振翅　鼓動薄片，嘎啦啦吹奏，響徹雲霄天際
敞開嗓門，從清晨、午後、黃昏、暗瞑
吱吱、喳喳、啾啾啾、嘶嘶嘶、聲聲長調
待聲竭形變

夢醒
仲夏，知了
入禪
隱
驚蟄無端起
破，涓滴露水穿透黑暗地底
變，蟄伏十七冬，蛹化成豔麗薄衣

夏至催眠頌天地
宇宙悠悠，青空如何
潛行飛舞，枝條，不歸路
欲放聲吟唱不平調，擾人清夢

蛻變知天命
吸吮汁液滋養羽翼豐實
青衣薄紗巧妝粉飾墨綠身
不懼天敵環伺，追殺
勇敢飆風穿梭茫

棲息行腳，急如風
一滴夜露，滋養補身
一陣清風來加持
前院、後院，無所不住
荒郊、森林，是我家
水涯、山澗，唯我空靈

秋涼狂嘯獨悟道
振翅鼓翼敞開嗓門嘎嘎乍響
從清晨、午後、黃昏、暗暝時
吱吱、喳喳、咻咻咻、嘶嘶嘶、聲聲大合唱
聲嘶力竭，燃燒青春，不須悔
知了，知了，來去匆匆，醉臥夢一場
種了芭蕉、又怨芭蕉，終須了

擁抱，開出不一樣的荊棘路

伊人（顏損傷友）在那？當年號稱「社會邊緣人」有誰敢出來上街頭？相當難得在街頭巷尾，看見伊人身影！過去的病態社會遺毒，需要些許時間來沉澱及療癒方休。

打開心房，向前行，天底下沒有不可能的事，只是尚未發生或暫時消失或資訊不對稱狀況下。

基金會將顏損傷友當成寶貝看待，著實讓《陽光》這支活招牌飛入傷友的心坎裡，一時三刻讓迷失的心靈瞬間有了家的歸屬感，在這裡找到了生命的對話窗口與傾訴劫後餘生又難以說出辛酸的出口，以及訴請專業服務的港口驛站。

遠離社會已非一朝一夕時日，突然間內心有一種被溫暖與關懷的心是特別的奇妙地，而且在激情過後，一股腦兒的投入工作及同時飛入莫名的友誼互相滋潤，並且與時推進建立起革命情感自然不在話下，所謂人不分天南地北能相識寒暄一起促膝而談是緣份，找到同病相憐者一起聊聊天，無非天意憐憫落難客。

人生無常莫蹉跎，有道「同是天涯淪落人，相逢何必曾相識。」

一九八二年二月十五日，獻身改變踏入陽光追尋美夢願景，接下幹事職務（兼職）絕對不輕鬆，只要是沒有這方面的事務工作經驗在擔憂能否勝任，要扮演起籌備會業務與募款工作等多重角色著實不容易。但是，早出晚歸忙的不亦樂乎，披星戴月趕路回家途中竟然不知在何處（騎車）掉了錢包！真害。

懷著「捨我其誰，當仁不讓」的使命定位投入NPO非營利組織，憑著「走過辛酸，不畏辛苦」的精神側身學習助人工作，機緣找到生命可以再度發揮價值的旅程志業，這是天大的幸運絕對不為過，我一定要把握機會開創新的新人生實現願景。

　　陳哥（俊良），伯樂識良駒，身先士卒，且戰且走。

　　想要踏入先自問能做什麼？或只是投機站出來秀一下？還是全心投入未知的未來，另外疑惑這個社會是如何看待燒傷者？

　　既來之，則安之。一頭栽進完全陌生的職場環境，懷著兢兢業業的精神匆忙披掛上陣，竭盡所能所知付出畢生之力，希望成就一番志業。

　　衡量自己，知道在服務上欠缺學術、職能、專業等知識之不足性。但是，當事人要獻身、分享經驗就是最佳的優質力量與認同接納的利器。

　　下班後，參加基督教《互談會》、《張老師》課程或團體研討會充電，充實社工專業知識與學理精髓，努力學習工作上應具備所需的技術、能力與視野，辦理活動與閒暇時學習照相技術，熟悉單眼相機操作技巧，成為一種專業興趣，以及記錄生活的一種方式。

　　投入三個月、半年後，樂在其中漸漸地進入佳境，感受到身旁有濃濃的支持力量與接納聲，有鼓勵與疼惜聲，偶而有挫折與不適應感交錯盤旋，有挑戰與刺激相伴相生，有壓力、無力及無法適應的衝擊在心中翻攪拉扯激盪著。

　　全力以赴，沒有時間顧影自憐，停下來瞧瞧變形的模樣，沒有心情浪費時間，鑽牛角尖思想負面的過去亂了方寸，再三告

訴自己當忘情於過去的事件中，一定要翻轉跨越有形與無形的高牆障礙，每天忙的不得了，工作持續十二小時以上才得以回家休息，無形中自然忘記表象的殘缺面貌是跟別人完全不一樣的。

不喜歡陌生人的好奇，尤其初見面者莫名其妙地盤問語氣，您是如何受傷的！心想「干您屁事」。

坦白說如果沒有他人的怪異舉止、表情逼視或當下多嘴、探詢隱私、窮追落難的往事，其實早已掙脫傳統的束縛牽掛，已自我釋放心靈壓力，轉化出外表形象枷鎖桎梏；換言之，若當下以平常心相待，或許會自然又自在地相處，不會有任何不悅的臉色，倘若即時有些許微妙舉止反映，雙方互為驚動不安、小鹿亂撞，尚請不用在意心情發酵，這心境如人飲水，冷暖自知。

瞬間眼下回眸相視，人之常情至理，有道是常人肢體慣性反射動作，亦源自於江湖的常態行為模式，一如對於一個不禮貌的人近身侵犯時絕對會發出怒吼大叫回擊！瞬息拉開嗓門「看什麼看！」直接反擊一樣帶著高亢的聲音與激動的言詞，當下之氣氛一定相當不好受，如此這般自我防衛機轉行止相待，且莫怪我也！

武裝自己跨出一小步，學習找回自信蓄積能量，時時面對身心靈的衝擊與撞擊，隨時自我調適內心的掙扎與轉化心境氛圍，期盼能穩健站出來。

受傷後，長達數年間，有一股反社會的心情深埋在心底蠢蠢欲動，而且對於陌生人一概不接觸、不信任、不交友，完全生活在自己的框架想像世界裡與世隔離無交集。但是，投入工作後，開始漸漸地被人際關係世俗化、被社會化所融合、被療癒於無

形，真真實實地回映世間人的接納進化過程。

　　決心練就一身武藝與文攻技法，學海綿般汲取知識養分充實職能專業。

　　從基礎做起，土法煉鋼不恥請問，俊良兄師徒相伴傳授，亦師亦友呵護備至，經歷過文武場跑龍套大小事，如辦理籌備基金會及地方法院立案登記變更行政文書作業手續，經手全國第一個從地方直轄市主管機關變更到中央內政部主管機關的非營利組織團體，專責組織經營業務主責董事會議事務等。

　　NPO，忙得不可開交。

　　推動會務編列工作計畫暨預算案，公文作業暨收發，整理各別會議紀錄暨收藏文書管理，個案服務辦理義診活動，醫院訪視，家庭訪視，接受媒體採訪，書寫新聞稿，召開記者會，電台主持談話性現場節目，遊說修法，政策倡議，辦理公聽會，公關活動，義演募款等十八般武藝全數玩過。

　　撰寫報導活動文章，編輯文教雜誌與發行、郵寄作業，出版《面子問題知多少》書籍，組織同儕支持團體──陽光俱樂部，傷友團體旅遊活動，主持活動會議，參與合唱團及演出，籌備及執行單車環島宣導預防嚴重外傷，帶隊中陽光攀登玉山峰頂，出國參訪香港社福服務觀摩交流，以及體現公民社會意識角色，受邀登記為政黨助選員等歷練經驗，這人生實在是有夠豐富性。

　　在陽光擔任過幹事，主任，祕書長，董事，常務董事，行政主任等等歷練角色與不同的職務工作。

　　挑戰威權，言人所不能言，講人所不敢說的話，就事論事火力四射左右開弓；以鶴立雞群邁向專業中的專業自詡自立；我相

信這個社會具有能力者不應該被埋沒隱藏起來，總有一天會被發現、被肯定其能力之獨特性。

非為對立一方，是為需求者發聲。出席會議發表意見、代言扮演是不可或缺的多重角色，深深覺得自己責任重大，決不能畏首畏尾不言不語，有道是語不驚人，死不休，非把真實的問題說出來不可，甚至於要獲得答案或因應之道方肯罷休，開會時就事論事、炮火猛烈常讓主管機關頭痛、窮於招架，單位官員驚慌之餘，不再找我與會或邀請當委員會的委員自討無趣。

堅定的立場表達意見與講法論理追問，這就是我的處世個性與態度。更妙的是有些人看到我的表現，常常誤以為我是負責人或以理事長相稱，導致部分董事對我有某種程度上的不安看待。

職場藝術秉持能做就做，看待雙方合則兩利，不合則去的心情，瀟灑看待世事的起落分合，隨時警醒成功不必在我的行事風格，切忌自我膨脹與夜郎自大在心。

個性決定命運，功過一線天，我不會死皮賴臉黏著一處。

「儂本將心託明月，誰知明月照溝渠。」終結棋子的心情！

宋之問：「歸鳥沙有跡，帆過水無痕」感嘆映照，低吟人生。

一直把一些伙伴當成是好友看待，並且努力達成願景目標，惟組織發展變革不停，人力資源更迭，環境快速變化，非個人專業能企及與掌握操控局勢演變；再審視自己各方專業能力確實力有未逮，只剩下這塊堅硬如鋼，撕扯不去的火紋臉譜硬招牌。

很不幸，人性弱點終就經不起長期的刻意隱藏、遮遮掩掩與有意的修飾就能去除埋掉本質的，經過一段時間的相處與同在屋

簷下檢視，近身扎扎實實的見面互動觀察檢視，就是雙方自我曝露行事作風的時候。

總之該來的還是會來，城牆也擋不住；有道是有緣來相會，當真無緣散散去，不用太強求在一起共事、奮鬥願景折磨自己。

沒有對或錯，沒有大或小，沒有主角或配角，沒有先來或後到。

一個隨遇而安的心情，一個合則好相處，不合者離去的心，是我從南部北上的態度。換句話說，個人與同仁們都是基於基金會的價值與願景而來。

年少輕狂，萬無悔！當下選擇來時路，就有流轉去時心。設下停損點，此處不留人，自有留人處，心意已定，無心戀戰，心如止水，不如歸去。

人生，順境，逆境，平常心看待。

行到水窮處，坐看雲起時。

知所進退，走自己的路

首次離職，肇因話不投機半句多，既然無緣共事，決意求去轉台。

既已決定去留，斷無拉抬身價，非我莫屬之姿，快刀斬亂麻。

一九八六年三月二十六日，寄出辭職信給董事長，擇期四月底，打包走人，另謀去處，淡定出走、無怨無悔，首次離開《陽光基金會》。

何時成夾心餅乾，又裡外不是人，這般何苦來哉！

主因與主管在理念上不合，溝通執行會務上出現嚴重的價值衝突，不喜歡反覆嘮叨念念有詞的人，不喜歡猶豫不決行事作風者，不喜歡耍心機或機關算盡之人，不喜歡在工作上與不對盤的人一起共事！這樣太累了。

日日夜夜，要勞心、要勞力、要生活、長工時，已夠累了，還要分心分辨計謀、利害得失實在無法忍受，幾經深入思量雙方個性差異、無法互補落差，只好快刀斬亂麻，忍痛離開所愛的工作，暫時逃避烽火線，眼不見為淨，讓雙方有降溫的空間，希望我的離開可以讓衝突有所轉緩餘地。

心想：退一步，海闊天空；忍一時，風平浪靜。

驚動董事長與俊良兄等人關切，將二人之間就事情的看法與問題癥結點出來，希望他們了解事實、理解問題、諒解處境、壓力負荷與心情狀態。我懂人性的寬廣度量，人講「有量才有福」不諱言自己欠缺容載量，個性決定氣度，氣度決定高度，性格決定命運。

既已照章行事，努力執行交辦事項，還是不如他意。很遺憾，按主管的決策意見與授意採購捐贈的器材無誤，卻無法使命交差就罷了。

話說《天母扶輪社》捐贈電繡縫紉機提供傷友職訓班開課使用，另外採購20吋電視機、錄放影機及BETA攝影機等電子產品作為教育宣導用。

這些物件品項都是經過同仁討論後確認的器具，並已回報《天母扶輪社》謝社長同意捐助的產品，且在記者會捐贈儀式完

成後運回基金會了。

隔日悶雷響起，主管說：「明里，您去跟謝社長講要換電視機。」

我問為什麼？他說：「電視機太重了！搬運不便。」

此話是事實，我面有難色。冷回應說：要換你自己說，我不想做這種事。

一霎時，面面相噓！四目相望，時間凝結，停頓無言！

他不接受突如其來的意見，反而不高興板起臉來，加碼說：「不滿意為何不能換貨！」又說：「不滿意當然更要換貨！」連珠炮發言回應我衝撞的不爽。

雙方沒有交集的對話溝通，無法共識聚焦處理換貨之事。

一股氣氛，就像風暴來襲前的氣息如熱浪氣旋風急速上升！

好累。心念已成，多說無益，當下無言以對，就這樣面對變化球。

決策舉棋不定，出爾反爾又囉唆。不喜歡這種風格，讓人討厭說變就變，無法忍受翻臉如翻書。應驗計畫趕不上變化，變化趕不上長官一句話。

其實，自己也喜歡善變，血型AB型，獅子座。受傷後一度興起研讀相關書籍與學習紫微斗數命理知識，知悉自己的內在有限性與脾氣個性使然，面對這個採購所橫生的問題，說穿了不是不能改變換貨，我相信對方也會接受這般理由與說詞。

我在乎的是堅守原則，從一開始做對的事，否則下一次類似事務就會沒完沒了一再發生，既然當下已走完程序成事實，就放手勇於接受結果吧。

招誰？惹誰？無端被移轉情緒上身，縱有瑜亮情結投射對待，總該有個限度範圍控制，亦不該加諸在我身上發酵。一時成為出氣筒，自然無法釋懷，簡直莫名其妙！

　　眼下對撞，僵局已成，舉手投降，決心放下，我不玩了。

　　又說：「您與俊良兄比較有話說，比較聽他的話；對他有距離，不夠交心。」這般話語挑剔也太言重了！這什麼跟什麼啊？

　　原來他在意的是這個關鍵情愫，故而心理不平衡，將我扯入無名的情勢內。

　　我的天啊！除了工作之外，還要扮演聖誕老人、老萊子角色，說唱哈啦十八般武藝表現，最好讓全天下人得盡歡顏，這個職務太沉重了點，我擔負不起。

　　話說從《伊甸》轉任到《陽光》後，壓根兒不知伊發生什麼大小事？又「莫須有」把心結發酵如地雷炸彈開花，莫名其妙轉移掃射在我身上根本來不及防備。

　　如何選擇去留已不重要，情勢已成不可逆之勢，幾經再三慎重思量，浮出名言告訴我「當斷不斷，自受其亂」於心，面對進退維谷處境困局，何苦針鋒相對自相殘殺，二話不說決定擇期走人，這是第一次出走NPO。

　　也許自己個性、脾氣，自尊心尚未調適好，一時聽不進不同聲音，沒耐性溝通處理這等退換貨之事，換句話說不經一事，不長一智，只能說抱歉了。

　　選擇放下，走自己的路，心情反而開闊起來，胃潰瘍症狀舒緩了，壓力也稍解緩和下來，身心舒服輕鬆起來，因為面臨人生小事已搞定，不再是別人的手下棋子。

三個月後，主管請辭換人，由新手接任。

　　此事深深地啟示：「逢人且說三分話，未可將心一片拋。」

　　此話有深度意境，透露出人與人之間不管是初識見面或舊識相逢，記得在雙方互動分際間，以及交流對話當下要小心、謹言慎行。換句話說，提醒世人對於任何人當有所保留，不可豪氣輕洩底線，包括肢體語言在內，否則會讓您捶心肝嘆息不已。

　　如何說話是藝術，能說入木三分更是藝術，總之深刻反映出人與人之間無時無刻正在進行一場又一場真實與虛偽的互動玩弄模式。

　　職場如戰場，同事如間諜，朋友如酒肉，工作如外勞，就看如何看待關係與所認知的潛規則角色，否則真的會人善被人欺。

　　知識學理講到溝通模式有四類，其一上對下溝通，其二平行溝通，其三下對上溝通，其四交錯溝通；從這件事印證關係處在「交錯溝通」。

　　學到教訓，當不能忘，否則就喪失成長必須付出代價的意義。

　　學習對人要有親疏遠近、保留餘地說話藝術哲學，自我提醒、暗示談話要有所節制適可而止分寸，不要話匣子一打開就如水龍頭關不了似的，不然可就危險！換句話說「見人，說人話；見鬼，說鬼話」的生存遊戲。

　　決定離開是一種選擇與態度表現，讓自己有喘息空間與時間調息。

　　沒有對錯，沒有強弱；沒有主場，沒有客場；只有善待，方為上選。

「人若精彩，天自安排；花若芬芳，蝴蝶自來。」

一九八六年十月，轉往草創的《創世基金會》上工，當時曹哥剛從中部上來臺北創辦開展直接服務植物人工作。

《創世》第一個個案服務是由曹哥、淑珍與我駕駛一台九人座箱型車（借用）到三重案家接送回來，從此開啟臺灣植物人社區化照顧養護服務之先河，如今為國內奇蹟式NPO團體。

三個月後，另有任用，下南部支援專案，曹哥將我借調《高雄市春陽顏容保護協會》許理事長半年時間，主要為《春陽》規劃募款購屋計畫案。

高雄，離家鄉很近。但是，要回家看媽媽及兄長，沒有多餘時間。

義賣晚會邀請《陽光俱樂部》、《陽光合唱團》與會，傷友專車從北南下獻唱，會後接我回臺北準備回任工作，結束在外漂泊的生活，此刻深受感動有這一群「革命情感」夥伴相隨，不離不棄挺身而出，一直把我當成弟兄般對待與互相扶持照顧。

體悟自己的表相身分，已脫離不了世俗的眼光，被標籤、標識、易辨識性是不可避免的人生，也是另類深植於人心的狀態及埋藏於管理者的心底事。換句話說，某些人被歸屬，歸類，類似化等視為一種恆常定位（義）的認知模式，意即什麼人、身分、族群、膚色等就該做什麼樣的事，如繼承、承擔、接班、扮演角色等等，若果越界了就是自討無趣。

陶淵明說：「落地成兄弟，何必骨肉親。」

好友們期盼我回歸正位，否則他們不知道要與誰說話，如何幫傷友做事情，又說基金會當下呈現一盤散沙，不知為誰而戰；

當下人在南部以為沒有事，然而會務消息卻從未間斷過，甚至於在假日於南部見面相會時，再三坦誠相告內情，心情愈加沉重堆疊，左右為難能說什麼，一方又盛情難卻，再說卻之不恭若驕情，這一連串的人際關係糾結，自己情緒也隨之起伏不定。

說放棄，那可能，一股責任心，不願看見成立不久，適才如國小歲月的基金會出現狀況。

同聲相應，同氣相求，要找尋「精神領袖」回巢坐鎮，這何等感動之事，有革命情感之友誼如換帖情義相伴，有知心知己相待陪伴在一起，怎不教人內心油然升起肝膽相照之情。

阿芳（歿）說：「我是在電視上看到你才來的，你是我的偶像，覺得你不在會裡真是無趣，沒有家的感覺溫暖，會裡就是缺少認同的對象，沒有親和力的人，少了『傷友服務傷友』的意義與價值，心中有一股強烈失落阿里大哥的氣氛纏繞著。」

面對好友吐真言，思眾好友交心心情，心裡打轉思量著下步，絕對不能無情以待，此際正好人事有變化，陳總幹事即將去職，誰接手尚且不知？一個聲音響起，絕不能「一朝被蛇咬，十年怕井繩」，只顧自己過去不好的事情感受，得識大體捨棄前嫌前進，再三思量輕重角色，決定二度回《陽光》繼續打拼。

流浪，是一種漂泊心情。靠岸，是一處安定的心。回家吧。

一九八七年七月一日，回任主任職務，統籌會務不在話下。一九八八年五月九日，接任代祕書長。但是，一直沒有真除，薪水沒有加給，還是勞碌命工作奔走，傻傻地完全付出，未求薪資調整回報，仍然做牛做馬、勞心勞力為基金會忙得不可開交，直到生涯規劃申請專案出國讀書，看見國外的不一樣世界。

看見報導胡榮華單騎走天涯回國新聞熱騰騰，一個念頭湧上來，要來成就一件美好事，立即行動策劃宣導計畫，預防「嚴重外傷」活動當開路先鋒，辦理陽光單車環島自由行。

安排拜訪自由車協會總幹事彭劍勇，獲得捷安特公司贊助變速單車十台，作為「騎向世界」陽光單車環島用途，這是臺灣首支身障者之首發隊伍，由顏損傷友、肢障等十四人參與，特別於縣市中規劃四站進行預防宣導「嚴重外傷」座談會。

心動不如行動，要充分準備一些活動的事工，光靠自己的力量是不夠的。穿梭拜會各方人士及自由車協會的支持下，內心充滿了力量及胸有成竹的氣勢。

事不宜遲，做好先期的功課，趁著回家探視媽媽後，轉往探勘東部路線狀況，從屏東搭乘客運走南迴公路到臺東，一路換車兼程到花蓮過夜，隔日再搭客運到宜蘭，進行實地探勘路況，沿路目測聚落資源或休息定點評估可行性，規劃住宿、座談會、盤點資源、接待對象等沿途搜集相關資訊。

請教領隊郭叔（歿）規劃環島行程、騎車公里數、期日、駐點休息與相關補給飲食細節事項，請託找專業人力志工帶隊，如副領隊林隆榮、修護技師阿財等人力支援，慎重其事辦妥可不能開玩笑的。

全程踩踏十四天（一千一百一十四公里）順利完成這項挑戰，首發日上午下著細雨出發，從臺北到基隆，夜宿宜蘭市及辦理首場宣導「嚴重外傷」座談會，全線規劃於宜蘭、花蓮、嘉義、臺中（溝通誤失取消）等地。

魚貫縱隊排列進入暗無天日又轟隆隆聲響的蘇花公路隧道內

徐徐而行，各式各樣的大小車不停地呼嘯穿越接踵而過，讓人膽戰心驚深怕有所閃失擦撞，還好在出發前有訓練成員車隊技巧與紀律要求絕對遵守行車秩序，不容許有任何人不聽令規矩行事突出車隊單騎。

平安地騎過東部海線行程，一路順利下南迴公路崎嶇路線，中途停駐於墾丁、鵝鑾鼻休兵兩日養精蓄銳再戰，沿著西部幹線縱貫公路北上，行行復行行，個個屁股已是麻痺狀態黏貼在椅墊上無知覺，亦不再喊痛要上車休息。

騎到後龍，專程拜會捷安特自動化工廠及向劉董事長金標當面致謝贈車之意；一路風塵僕僕踩著踏板前進宛如行軍作息，一路慶幸貴人相助無恙，人車平安回到臺北辦公室，一起歡慶《陽光》七週年活動，劃下圓滿的句點與留下無數美好的回憶。

學習責任在身，勇於挑戰冒險。士為知己而死，女為悅己者容。

擔負總策劃、總領隊及協調工作、負責駕駛補給車、兼騎一小段路程過過癮，隨時要處理路途上個別團員吵吵鬧鬧的事，安撫不同身心俱疲的個人情緒適時發洩，如隊員前三天屁股磨擦後痛到不行要求上車（同理心）休息一段或一天行程，培養團隊心支持前進的力量，注意部分體力不支者或愛坦躁進者離隊脫節單車獨行，正是五花八門挑戰管理者的極限。

第三天，部分隊員浮躁心情逐漸地呈現外顯，第五天，部分隊員有互相看不順眼的聲音出現，還有賭氣放話（威脅）表示不想再騎下去的想法，要在路過的車站時自行搭車回家。

天啊！這衝擊絕對不是人走掉就沒事，反而是丟下一台自行

車要上補給車運送又佔據空間，原本車內裝備各項補給器械與飲用水及食物等已接近滿載狀態，那有多餘空間再塞進車子來。當然要立即個別溝通找出不爽之問題，以及集體心戰喊話策略曉以大義前進，告之隊伍成員這是首次出征機會，您想放棄嗎？

將在外，君命有所不受。行程中自有分寸處理成員情緒、身心狀態、合理要求、參與決策、檢討行進大小事，審慎思量如何應變突發狀況，這是很重要的過程與危機管理，沒有人教的大小事，要一一去克服，要說個明白是說不完的事。

行前有默契與董事長說好約定，適時回報狀況（只有公共電話的年代），一切以安全為重，倘若路況不行，不用勉強冒險前進，可以當機立斷處置後續行程與活動計畫。

幸運加上許多好人與單位幫助，印證凡事豫則立，又事前準備充足完整，大家向心力夠，並且願意參與付出，一舉成功達成目標，讓世人看見咱們做到了。

這樣奮戰不懈投入與拼勁自我實現，總能感動一些不相識的人，誠如大家最喜歡掛在嘴上說：「臺灣，最美麗的風景是人」聽聞如斯，不枉美言。但是，最麻煩、最糟糕的也是人。

站出來，走出去，退畏怯，識人性，世道自在人心，不怕冷言冷語。

另一個正向效應開花，人間有愛槓上開花旅程，愛在火車上蔓延時，感動於人心總是會成就一些美好的事物，因為有摯友的策劃行動，讓單純的生活更加的豐富，視野更是不一樣。

社會參與，機會均等；傷健融合，情誼可貴；青山白雲，玉山為證。

一九八八年，登山家歐陽台生來電表示要帶中小陽光登玉山，打鐵趁熱與之討論活動，規劃「登峰造極計畫案」安排行前體能訓練。

　　「山在那裡，不會跑。敬畏的心，接近它，親近它，非征服它。」歐陽台生語重心長的說。登山關鍵態度，吸收於心，至理名言，照單全收。

　　有備無患不出錯，為了安全慎重起見，首先組一小隊先遣踏勘路線，六位伙伴一舉登上玉山頂峰，眾人信心大增，覺得小傷友攀登玉山絕非難事。

　　加緊準備走陽明山、七星山等地形作為操兵練武之地，頭好壯壯上山去進行團隊訓練。

　　首發前夕氣象局預測氣候將有大變化，玉山頂上下起皚皚白雪覆蓋山坡阻礙山路，常機立斷大隊人馬在塔塔加鞍部（海拔二千公尺以上）眺望山峰雪景，真是掃興又無奈，乾瞪眼的賞雪行程，華視隨團拍攝紀錄攝影師與文字編輯等大為失望，也無可奈何天氣不作美，畢竟登山風險大不可造次冒險。

　　無功而返，人員不死心，豈可計畫無疾而終，再三相約擇期登山行。

　　一九八九年初，玉山上積雪稍退，玉山國家公園管理處對外開放遊客上山，三度組隊再邀原班人馬上玉山攻頂，終於實現願望欣喜若狂。

　　第一天，臺北出發到阿里山過夜，先行適應高山海拔高度及氣候溫差，預防避免突發高山症狀況，第二天從塔塔加鞍部入口上排雲山莊住宿休息，第三天清晨四點起床，即時用餐完畢，事

不宜遲整備背包，隨即吆喝開拔行動。

有準備重裝備，特別僱用兩位山青揹伙食、炊具及帳蓬上山。

打開頭盔燈照山路，小心行動不蝕本，沿著碎石坡一步一步爬上山，走一腳步即交換一次呼吸，否則心臟缺氧似快窒息般，一手拉住安全繩索走上峰頂，全員士氣高昂一舉攻頂，忽見旭日東升，短暫霞光萬丈，倏地間，風起雲湧遮光，一時分不清雲或霧氣交錯堆疊，只緣身在山巔峰頂興奮莫名，又見一側懸崖峭壁不可不慎萬丈深淵。

如詩如歌，美妙世界，登上玉山，小天下。人生，再次登頂，不虛站立峰巒。

夢想，將不可能的任務化為可能，這是豐富人生與多采多姿的生命旅程。

一行人穿梭走過重重險峻溪岸羊腸小徑，整個人必須側身或蹲下攀爬山谷障礙物而行，偶遇巨石懸空陡峭驚險萬分忐忑不安縱身跳躍，直下八通關火燒林木、棧道遺跡心驚驚，瞬間抓起相機補捉眼前一片燒毀枯木林相，有道是凡走過必留下痕跡。

一趟玉山行，壯志已酬勞。疲累！不在話下。收穫，更是滿滿。

兼程趕路沒多久眼下觸目驚心，撞見一處日據時代山上派駐所遺跡，早被落跑來臺的國民政府（外來政權）統治者，於一九四七年二二八大屠殺，之後接續以綏靖清鄉之名將它燒個精光，用意在趕盡殺絕不留後路去處，讓知識份子無法躲藏於深山林內逼人出山，延續施以戒嚴、白色恐怖、威權統治等殘酷手段打壓

臺灣人絕不手軟。

是歷史的偶然？還是統治者必然，迄今轉型正義真相晦明，卻苦無加害者的荒謬劇情猶未解開！受害者情何以堪無法接受與面對先人被莫名殺害之滅門慘案，尚有家屬說「不知親人忌日是何日之痛？」人同此心，心同此埋，讓人鼻酸，唏噓不已。

二〇一七年二月二十八日，摘錄蔡總統英文說：「和解必須建構在真相之上。明天，國家檔案局也將啟動新一波的政治檔案整理計畫。我們會將過去散布在各機關，所有關於二二八事件，以及白色恐怖時期的自白、筆錄、跟監、判決、公文書，都清查出來，並且進行內容的判讀，作為撰寫『國家轉型正義調查報告』的基礎。」

蔡總統英文又說：「未來，這一部調查報告裡面，將會有一個專門部分來處理二二八事件。而且，我要特別強調，我們會用最謹慎的態度，來處理二二八事件的責任歸屬。」

政治是殘酷的，政客是無情的，政府是為人民而存在的。但是，在臺灣獨裁統治者往往是扮演加害者的角色，卻又回過頭來要人民崇拜它，還有人仍然景仰它的惡行，真是夠了！這些恩庇侍從者簡直是幫凶、殺手絕不為過。

環伺山林派駐所基地四周雜草蔓生，遺留下倒塌橫陳焦黑的木柱及些許殘餘片瓦陳跡若隱若現在荒草間，望之令人髮指、思之於心不忍與心痛交織難過！

能高山下魂魄，幽靈當不遠，夢裡先人現，無期亦有期。

遺跡在悠悠歲月裡訴說著外來政權統治者的荒謬無情，控訴著執政黨粗暴手法與執法者濫殺無辜，連山上保安派駐所又避風

遮雨的房屋都不留餘地火燒，亟欲滅絕臺灣人的政治參與生路，顯示出暴政猛於虎的氛圍枷鎖。

爭取權益上政治舞台是為了傳播身障者的處境，應邀擔任選舉助選團演講者在舞台後聽聞未曾聽過之事內心難過感同身受。

一九八六年（12月6日），第一屆增額中央民意代表選舉，民主進步黨臺北縣洪奇昌參選國大代表，因緣際會《陽光俱樂部》邀請洪奇昌醫師講精神醫療知識，會後其透過關係找我當助選員（登記制），以及之後轉戰臺南市競選立法委員時在舞台後方首次聽聞二二八事件訊息，一時間令人心痛與震撼在心，怎麼從來沒有在教科書上出現過隻字片語記載或講述這些歷史事實。

歷史，是強者的謊言！是天大遮羞布？專門掩飾不堪的偽紀錄？鑑古知今，天佑臺灣！勇往直前，天佑臺灣！臺灣人，加油。

繼續趕路，離開是非之地，讓情緒出口消失於荒郊野外間。

走一段昏暗林木間，忽見灌木林閃過一隻藍腹鷴蹤影，大伙眼睛一亮歡呼大叫，隨即瞬息縱身消失於林相草叢間。

走著，走著，天色已近黃昏，大家又累又疲倦前進不歇腳，一路兼程趕到南投東埔結束完整的行程，用餐後，連夜搭車回臺北。

一個登山計畫，分三次才完成，這張力始料未及，除了認識愛山者並結交為莫逆之外，讓我學習到對山的敬重與謙虛以對，以及面對登山的態度，心存敬畏之心，即不欺侮山，山自然在，它永遠等您接近、親近，不分日月晨昏，四時季節氣象歡迎您。

算一算，二次登上玉山頂紀錄，一次佇足在塔塔加鞍部，遙

望峰頂上白雪乾過癮。

　　生活、工作忙得不可開交，一個緊接著一個來，操到沒時間喘息。

　　為籌募「陽光育幼所」購屋基金，募款一場接著一場展開，董事長交辦「大衛魔術」義演活動，全體同仁們只好拼了命，心想表演事務由經紀公司在處理掌管執行，基金會只要提活動計畫書申請主管機關許可作業核備，並且配合記者會宣傳支援事宜，安排會友蒞臨觀賞及公關接待服務就行。

　　跟著大衛魔術師看表演，安排跟班視察票房賣座情形。大衛‧考博菲魔術師首度來臺公演盛況空前，規劃臺北、彰化、高雄等三地十八場次。

　　第一次，看魔術，看到膩，這十八場次，看了三分之二場景，光聽襯場音樂聲一出就大約知悉要進行表演什麼橋段戲碼了。

　　內行看門道，外行看熱鬧。舞台上魔術表演所見別當真，全是巧妙的機關設計、橋段假象、布景道具、燈光黑幕、替身串演與精細手法技術呈現。

　　現場不能戳破的事。有一次好奇的走到後台區，想探究活生生的道具機關場景如何？看到一箱箱籠子內養了一堆專供表演用的大小動物與道具零散於後舞台間，還有在觀眾席中央分隔一道特製黑幕布幔包圍起來，這快速通道走廊銜接貫穿到達舞台下後方，這就是所謂「脫逃術」捷徑一幕戲。

　　大衛‧考博菲送一本他的小魔術圖解與手法小冊子，以文圖設計呈現教學，如有慧根者自學操練手法定能熟能生巧，至今還

留著當作紀念品。

戲碼，有心人很會變！這般利之所在，NPO不了解的事，會輸人輸到底。

人心隔肚皮，仔細不蝕本。您想人家利息，人家想您本金。應驗社會上「公益，公益，多少不義之事假汝之名以行之！」包裝起來。

很遺憾，義演結束，只收到捐款新臺幣二十萬元。

打著公益活動行銷商業行為，個人處理過好幾次案子，一方事前都答應說好，如有形的表演賣票收入，周邊無形形象廣告滋生捐款利益，好像不接下合作相當可惜，可能錯失大好機會，這現象話術操作橫行穿梭於NPO間，經常讓團體在募款上搞的人仰馬翻、又愛又恨，甚至於有時候偷雞不著蝕把米，事後反而被主管機關與國稅局追著跑，要來查稅及要求寫報告計畫用途。

江湖在那裡？人就在那裡。提前清楚人生百態，天底下沒有白吃的午餐，您想要公益行銷募款錢財，人家卻盤算著您身上可獲得多少最大化的利益。

要永續經營服務，非營利組織必須搞懂營利組織的想法與生存之道。

生活與工作像陀螺轉個不停，想要停歇下來不容易，換句話說心有多大，事情就有多大等著您。

期許把事情做好，當開路先鋒向前行——先行者、實踐者、倡導者，讓世人看見身障者的能力與毅力，期許自我實現、自助與助人，就這麼簡單的想法驅使向前行。但是，卻在這條公民參與政治的路上跌跌撞撞被夾擊與排擠！

勇敢參與登記選舉助選員，卻始料未及衍生麻煩事，出乎意料有心人意識型態作祟，欲加之罪，何患無詞，全部遇上了。

　　一夕間，被打的體無完膚，亦埋下一顆不歡而散的爆炸彈。

　　單純的心思，單純的想法，藉助政治舞台倡議身障者處境，就這樣無情地飄散隨風而逝！

政治，舞池容不下遊說倡議的心

　　不忘初衷，努力以赴，儲備一些能量，誠惶誠恐接下重擔棒子，誓言安身立命於斯，用心耕耘志業立人，誓約為終身志業。但是，鎩羽而歸，不期而至，始料未及。

　　孫文說：「政治，政是管理眾人之事，治是治理國家大事。」高中三民主義課程教學這麼說教。

　　人不理政治，政治會理您。這句話真實或虛假，見仁見智暫且莫論辯。

　　有人說「NPO弱勢團體不過問政治，不涉足政治運動活動。」個人深深不以為然。政治涉及國家財政劃分收支，公共政策議題，地方建設經費，社會福利制度，法定預算分配等運作，試問那一項不是藉由民主政治、公民參與、倡議監督、議會代議制，國會審議方式等制度進行資源重分配？

　　人不理財，財不理您。可是，政治非也！您不理政治，政治會理您、影響您。

　　政治是什麼？簡單地說「政治是生活，生活是政治」您看食衣住行生活育樂休閒活動，樣樣都是離不開政治。如油價、電

費、水費、瓦斯、醫療健保、勞保、退休金、國民年金、所得稅、牌照稅、稅制、學費……等市場供需、價格、費率、通路等都脫離不了政治協商或國會表決做最後決策。

所以，NPO弱勢團體要不要關心、過問或參與政治？您我各有答案。

政治不外乎就是生活面的體現，也是社會制度磨合作為運行模式之一。另外政黨、政客、意識型態、媒體、網路等出手刻意操弄、分化對立、扭曲洗腦、美化包裝、耳語行銷，各懷鬼胎抹黑伎倆無所不出政治的權謀算計運用。

再如共產主義、資本主義、社會主義、帝國主義、法西斯主義、女性主義、沙文主義等皆是立意標榜宣傳政治，還有社福、環境、生態、汙染、動保、宗教、信仰、種族、膚色、階級、勞工、販夫走卒等都離不開政治運行。

低收入戶有社會救助。觀之中產階級、受薪份子無人惜，終其一生都在盡國民繳稅義務，既逃不了稅制，也得不到什麼利益或權益保障，經常是兩頭落空，既沒什麼社會福利可享，亦難以分得一杯羹照應急難的日子。

最明顯的政府規定在二十歲時（具公民身分）就得獨立納稅，除非無所得或仍在就學中，否則就要獨立申報綜合所得稅，這就是政治決定生活模式。

萬稅，萬稅，萬萬稅，如商店購買用品的五％稅率，國家需要人民繳稅入國庫，然後再重分配資源投入個別公共建設，所以別說您沒有繳稅，而且稅目一堆五花八門，自己上網去搜尋國稅局網頁瀏覽就知道名目細項有多少。

反觀人民要一項「社會救助」政府機關必然設計排富條款門檻，如申請資格條件、經濟收入狀況、動產與不動產額度等等做為把關要項，十足的非要把這一個人或家庭搞到面臨山窮水盡、家徒四壁、逼上梁山地步，非把您搞死不可，甚至於毫無尊嚴的對待您，它才小意思補貼您苟延殘喘度日救命。若果走到這一步，您說政治會是什麼？再無感受，可服了您！

　　俗話說：臺灣社會福利，吊肉，摔死貓！看有，吃無，乾瞪眼！

　　說國民黨政府，只保障軍公教（三民主義）警消退役為主體，其他人民皆係化外之民，不把您放在眼皮下，那一天，您給賣了，尚且不知內情，還傻傻地幫他數鈔票入袋，正是沒良心的統治者嘴臉！

　　為何去站台公開助選？基於工作需要，遊說、倡議、修法等，需要拜託立委或地方民代做事，於是選擇回饋受邀選舉站台宣揚理念，在選舉場合上公開聲援表態支持，成為蝴蝶效應造成一股擴散力量；就人情世故還相助人情，有來有往，要服務不難，這就是社會與政治生態。

　　不幫也說不過去，心裡頭欠下一份情，一直掛在心頭上，依個性要暗地裡去助選，我不喜歡潛水方式，因為它沒有加乘效果與倍增影響力可言，所以心中自有答案與選擇，當然以公開助選方式，回應好不容易建立起來的人脈關係、政治遊戲、公共生態、人情禮數法則。

　　有人說「越過界、衝過頭，誤觸政治意識形態，未事先報備董事長，踩到禁忌紅線地雷。」

部分董事，不問是非，只問顏色，容不下站台事。

有道是「只許自家人放火，不准他人點燈。」

以個人政黨意識形態標榜，嚴詞指責不能參與政治活動「這會讓社會誤會NPO團體參與政治」。但是，我完全不相信他們沒有「借名」身分或一語輕鬆帶過職銜參與政黨政治活動時不提額外角色。

論政治活動，這些人的黨齡都比我年齡久遠，黨棍性格亦無出其右，竟然管到我腦袋思維活動，不能有政治色彩，真是豈有此理，不可思議。

「明里，是民進黨！」有人不止一次在公開場合提政黨傾向。

會議桌上疾言厲色數落，當下萬箭穿心不如歸去。

一九八九年，為了縣長選舉助選站台，在董事會上被數位董事（KMT）發難群體圍剿，斥責我「沒有事前報備是不對，沒有經過同意，就去幫助候選人站台更是不對。」

被當奴才使喚「一天二十四小時，都屬於基金會所有，不能自主參與政黨助選活動，是衝過頭了。」大言數落響徹會議室，厲聲指責氣氛凝重，久久揮之不去，一旁的我耐住性子刺耳枯坐，一方席位上坐立難安無從分辯。

突如其來的臨時提議，劍拔弩張指摘！冷靜地想一想，這議題爭點是站錯舞台。敏感度不足，錯估了政治生態！不該站在這一票人的對立面，不該妄動未徵得應許後再漂亮出場！

代理祕書長三年，沒有真除，沒有加薪，好可憐？

責任制，超工時、沒加給，內外得張羅，好壞一肩挑，就是

石磨心！有功，沒打賞；打破，要認賠！天底下，任勞任怨事，全部遇上了。

有一天，同事跟我說「董事長來電找你。」

「有說什麼事嗎？」好奇地追問。

「董事長問你去那裡？」同仁說。

「那妳怎麼說？」再追問話語。

她支支吾吾說：「我回董事長，明里出去了」。

當天下午，排休假班。但是，接電話同仁不知我休假行程。

按照排定行程，先回家稍事休息，準備晚間七點前到泰山鄉某定點，為DPP尤〇候選人站台助選活動。

非我族類，其心必異。始料未及，色彩不一樣，猶如犯下滔天大罪對待。

認知自助、人助、天助等正向循環道理。但是，卻在這裡踢到鐵板、身心俱疲暫且不說，而且還用力羞辱我的政治行動。

也許過去沒有前例可尋如何關心政治，人家只能私底下談論政治議題與傾向支持者，回想起來或許當年少根筋大而化之，不懂組織的政治文化，沒有意識到先向董事長知會報備後再去站台，讓他知悉將要幫忙助選事，而且完全是運用個人下班後之行為。

未知會報備，我承認，錯了！思慮不周，未及時處理職場政治文化。

悶在心裡不開心！為何決策者要管政黨傾向？為何我不能有政黨認同？為何這些人容許自己有政黨參與行為？為何這些資深的KMT職業黨員，不能接受別人的政治活動。

為何一天二十四小時全屬基金會所有？為何不能有下班後的政治活動？為何不能有學習政治參與空間？這太沒意思了！為何他們從來不關心我是被那一個黨營事業公司造成職業災害！以及是被該黨營惡勢力強力拋棄如垃圾的勞工！

　　只會戴高帽，認為我代表「陽光人」形象，這一張臉十足「陽光人」標誌招牌？具有全國性指標公眾人物，現職代理祕書長職銜在身，豈可如此擅自妄動參與助選活動，很容易被劃上等號及認同為支持的力道。

　　其實我也不知道影響力如何？殺傷力真有那麼嚴重會傷到基金會形象？

　　看透了，也累了；道不同，不相為謀。人為刀俎，我為魚肉。

　　深深的吸一口氣，真的累了！清楚自己無法博得天下人歡顏，但求無愧我心，禮尚往來回應他人的拔刀相助。

　　這些人為了一場助選站台特意打壓我，砍到內心出血、刀刀見骨，會議上對著我聲嘶力竭謾罵，毫無情面餘地指摘我助選之事。

　　冷靜，想一想，好漢打斷牙，和血吞，說什麼核心價值、理想、願景，總是不對盤亦或已然走味，竹片打水，終一場空，空笑夢。

　　頓時起心動念，心生不如歸去，快刀斬亂麻，決心去職，走遠路。

　　從不後悔受邀登記為助選員，且與有榮焉參與大小選戰助選事。參與過國大代表、縣市長、直轄市長、市議員、立法委員、

總統大選等中央到地方性質的助選團差事，從臺灣頭北部到南部尾故鄉，以及東部都曾留下公民參與政治的足跡生涯紀錄。

權益不會從天上掉下來，掉下來的八九不離十各種鳥大便。

爭取天賦人權，遊說儘速修「殘福法」，倡議權益要儘快改革，一票民間有志之士奮勇當先不落人後，展現出全國合縱聯盟精神，團結力量大。

一九八〇年代，政治、社會環境處在「戒嚴時期」前後，心中坦然沒有什麼好怕的事，因為我們沒有明顯特定敵對對象，有的話是政府部門與當權者因其施政不滿意被倡議者叫罵留下情緒餘韻，無端被當權執政者隨意列入黑名單觀察中，一時成為警政、國安單位監控注意對象；可見這一部「憲法」條文宣示人民結社自由權是虛有其表，騙人的把戲文字遊戲罷了。

當下各團體代表成員既定運動策略，隨即如火如荼展開遊走部會行動。

一九八九年，結合各障礙別團體菁英份了草創成立《殘障聯盟》理監事代表們在劉俠理事長的發起登高一呼帶領下進行拜會立法院各黨派立法委員，以及向中央各部會爭取修訂《殘障福利法》一連串遊說活動。

遊說教育部取消大專聯考病殘限制，倡議經濟部接納強制定額僱用制等一波又一波的權益運動，眾人四處拜會個別立法委員及縣市長候選人面對面的溝通表達意見，大家不辭辛勞的下鄉不分黨派拜會曾經相挺的候選人。

不分色彩與政黨保持等距關係是大家的共同想法與做法。

人在江湖身不由己，在外面遊說倡議修法留下人情債總是要

還的，《殘盟》創會理監事代表們有共識，將為支持修法的個別候選人以不分黨派，個別站台演講方式助選，由理監事代表們各自決定其人選，當下我選擇臺北縣縣長候選人尤○。

事先溝通不足，事後誤會已成，壓根兒未意識到問題嚴重性。

有人質問我為何幫助尤○候選人？又言非營利組織團體立場應該保持中立，對於政治選舉運動應保持等距關係為上。但是，直覺是站錯舞台對象、選錯政黨色彩，他們心裡很不舒服，更無法接受我腦內意識。若當下為同樣色彩人站台，或許就不會引起交相指責、群起砲轟之事！

當時兩黨在臺北縣長候選人上勢均力敵，選情處於緊張拉鋸態勢，雙方呈現五五波局勢，任一方都有輸不得的壓力氛圍。

選擇尤○候選人站台，了卻《殘盟》倡議修法運動互相幫忙精神，那知國家雖處解嚴（一九八七、七、十五）後的環境調適狀態。但是，社會上仍然停留在戒嚴氛圍下不散，政治參與者猶原係互相不信任的對抗、對立情勢狀態。

一九八九年十二月九日下午，第一任董事會第三次董監事聯席會，會議進行到臨時動議第三案：有關本會參與《殘障聯盟》及職工是否得參與政治性團體活動案（○○○提案、附議二人），待報告說明後，頓時眾人同聲責難四起，孤單的在會議上被深藍KMT黨員群起圍剿，發言幾近於歇斯底里情緒猶如機關槍砲轟掃射，直言批判政治色彩為綠色（抱歉，非黨員），用盡無情的言詞數落一番，這些人翻臉如翻書，一副要把我拆卸吃下般——另類藍色恐怖。

內心挫折到谷底，受傷於NPO一言堂。

會場氣氛不是滋味，萬箭齊發，活像似小孩捅到蜂窩般無處逃竄躲藏，眾矢之的，以做錯事般被對待數落，一時間被修理的體無完膚。但是，值得安慰的在會上尚有一席董事聲援打圓場，支持我為善意的出發點與節制分寸行止，表示助選非為個人利益出發，是為陽光倡議遊說修法衍生後續的回饋行動。

最後決議有二點，摘錄第二點為「董監事及職工不得以本會名義立場參與政治性團體活動，參加人應知會董事會，否則應辭職。」云云。

是啊。我以個人、名義、時間及行為參與公民權、社會權，沒有強調掛牌進行助選，又助選不犯法，何罪之有？一股不滿的心情浮上來，您們到底想怎樣？我就是不服氣一套標準對待。

NPO董事會成員另眼相看不同色彩者，這完全在我的思維狀況外，被列入黑名單「留會查看」，這事情非我所願意發生，還有在這樣的組織文化與政治氣氛環境下，想到接下來要相處的日子，真要好好的留下來繼續打拼已是不可能的心理狀態，坦然負起「未知會報備」的行政責任，決定走為上策。

會議後心情大受影響，身心俱疲無以復加，簡直裡外不是人，心想「做到汗流浹背，乎恁嫌到涎流」心情又累又倦，深深覺得這幫人很沒意思，我只是他們的一顆棋子，一方萌生倦勤休息聲音響起耳際，該當轉換生涯規劃，準備出國去進修讀書。

忍辱負重，度日如年。心動不如行動，即刻規劃出國讀書充電及考察學習無障礙環境，特別向董事會提出個人進修計畫案，一九九〇年三月三十一日，召開第一次臨時董事會議，並且獲得

同意獎勵出國讀書——陽光助學金專案。

「決議：第一年學習語文全額補助費用（含學費、食宿生活費、旅費等），實報實銷，最高限額新臺幣三十萬元；第二年按申請就讀學校入學許可通知單辦理，全額補助費用，實報實銷，最高限額新臺幣四十萬元（大一時期）；第三年，比照第二年之費用（大二時期）；第四、五年半額補助，實報實銷，最高限額每年新臺幣二十萬元（大三、四時期）；原則上全額補助一年服務一年，半額補助服務半年。」

回饋服務「方式由基金會另訂之。原職務予以停職停薪。」

大事底定，辦理簽證，心如潮水，憂喜參半，出帆地球西方。

一九九〇年七月十一日，舉行「陽光孕育下的仙人掌」記者會，獎助阿里出國讀書計畫，將服務棒子交給謝東儒主任，二度離開《陽光》，準備出遠門見見世面，讓壓力減低、心靈放空，飛到新地方沉潛休養生息一番，讓胃潰瘍絞痛症狀獲得舒緩時間，避免「過勞死」情事發生在自己身上。

申請加拿大學生簽證沒過，香港簽證處（臺灣與加拿大無邦交）質疑個人財務經濟能力不足以支撐讀書生活費等，不給簽證核可。

頭洗一半，計畫非走不可，好不容易爭取到的助學機會，豈能輕易放棄出國，代辦事務所鍾先生（JACOB）建議改變計畫轉向申請美國（I-20）學生簽證，如期順利取得核准入境，以及就學年限許可文件。

充實學識，發展專業，豐富生命，是一生追求的功課，知道

自己在社工專業、公共政策、無障礙知識的不足與有限性,懷著向上心、力爭上游學習,如海綿般吸收水分養分滋潤形體,日日更加強壯紮實,為下一步鋪設走更長遠的路。

獨立生活,長期少休止,勞心又勞力,體力透支缺適當休息,加上綜理會務壓力大,常常感受胃部不舒服、輕微絞痛、痙攣現象。

禍不單行;福無雙至。人算,不如天算。

離職後,有一天,正用晚餐、喝湯之際,突如其來腰酸、背腹劇痛、嘔吐不已、盜冷汗情勢,頓時整個人撲倒在地打滾、哀號不止,簡直痛到不行!連說話的力氣都是痛苦不堪。

當下連滾帶爬,打電話找大姊,告知腰背疼痛厲害,即刻約臺北馬偕醫院急診室見面。經X光照射診察判讀,診斷為輸尿管與膀胱處各有米粒大的結石跡象,醫師即時注射止痛藥處置,開立鬆弛藥劑服用,建議試喝啤酒增加排尿數,促進結石自然排出機會。但是,藥效結束又病痛得不得了。

一夜折騰,無法入睡,不敢獨自回家休息,害怕再痛起來,一人無法自保,只好去姊姊家暫住,這樣彼此有個照應。

四個月持續治療,有一天,不知覺下,自然排放結石,不再痛了。

過程雖有風雨來襲,有支持與鼓勵,欣喜夢想得以實現。

政治參與是一種救贖藝術,組織文化是一種政治藝術,兩者就像孿生胎兒一樣糾纏不清且互動,既得利益者如果受到外部挑戰,是不會輕易放手的,而且還會極力反抗與胡說八道。

心念一轉,選擇放下,學習放下,知所進退,進也是退,退

也是進，海闊天空，任我行雲。

感謝董事會全體成員支持與放手，懷著夢想與祝福踏上學習之旅，一九九〇年十一月二日出國去尋找一方夢想。

有道是外國月亮真的又大又圓又亮？不出國瞧瞧怎知有何可學習之處。

使命，殘盟祕書長任內達陣願景

接下《殘盟》祕書長職位。

陽光祕書長謝東儒跟蘇景輝老師說：「阿里要提早回來。」

蘇景輝老師聽到可樂壞了！然後寫信說：「太好了，歡迎回國。」蘇景輝老師要專心於輔大講師工作，又要兼任殘盟祕書長職務，要展開各項業務壓力大，辦公室幹事僅編制一人協助，真忙不過來。劉姐、陳哥知悉我身體不適應，兩人樂的表示：趕快回來吧！

感受時機已到，歸心似箭回國，預備接下祕書長職位。

《殘盟》會員大會成立，獲選為首任理事之一，《陽光》代表理事；出國後請辭理事（職務異動，代表更替），《陽光》另派代表與會。

《殘盟》以團體派代表人為主，法人團體沒有結束，法理上代表異動當然由團體另派代表就行。但是，社會司不這麼想、不同意另派代表。

社會司說：「《陽光》代表阿里離職，理事代表由候補團體代表遞補。」

代表事據理力爭，最後由《陽光》另派人代表擔任理事結束爭議。

內政部玩弄文字遊戲，打官腔、刻意打壓民間「聯盟團體」立案，說什麼沒有「聯盟團體」之事？但是，要問登記在中央部會下之各別總會、聯合會又怎麼說？

社會司運用官僚「行政裁量權」審查機制，掌握法令釋義權，刻意曲解法規昭然若揭。

內政部違憲干預人民「結社權」《殘盟》前後五次申請立案被退件。在不得以下，劉姐拜託張俊雄立法委員運用院會質詢權，要求蔡漢賢司長說明表態。

質詢後，內政部知悉此案已壓不住，終於通過《殘盟》正式立案。這些年《殘盟》適時發揮結盟力量，成為法人團體與中央政府就身障權益各項議題扮演主要角色，以及作為政策對話對象與聯繫窗口。

三十歲以前，人未定性，可塑性高；三十歲以後，要轉變個性，難矣！

學習西方人文精神與法治正義、落實公義，堅信人權價值與尊重生命是生活上最美的事。

藉由重溫讀書、在地旅遊、考察機構、學校戶外教學參觀、觀察體會，一年七個月的生活歷程收穫滿滿，看見異國文化底蘊價值與多元文化衝擊，餵養專業糧食化為支撐的力道，成為一股紮實的力量。

感受變化，世界在變，臺灣在變，為一股不可逆力道與時代潮流。

事與願違，身體狀況出乎意料，決定提前收兵回家。身體皮膚疤痕與排汗功能不適應沙漠乾燥型氣候（美國西岸），加上身上突如其來外痔出血侵襲導致內心莫名恐慌不安，午夜思量更顯思鄉之情眼珠泛淚，離鄉背景讀書未了，終得下定決心告一段落。

　　權衡得失輕重，心意既定走人，期末前辦理休學，向授課老師辭行；授課的日裔老師關心地問：「您為何不等期末考考完再走？」。

　　日裔老師授課認真教學，講到「偏見、刻板印象」時，印象深刻、如雷貫耳，該當學習如何思考，以及如何深入看待問題的本質。

　　他問同學：您認為全世界優秀運動員當中，白人多？黑人多？

　　同學脫口而出：「黑人」。

　　老師說：「不見得」。您試著將全世界的黑人（美洲、非洲、歐洲）人口加總算進來的話，答案就很清楚了。

　　人容易受到媒體傳播誤導，未完整蒐集資料經過科學統計客觀分析，以及主流主觀意思偏見情境影響，造成「偏見、刻板印象」錯覺思維而渾然不知。

　　辦完休學、離校手續，準備回國事情。

　　留一部九成新21段變速腳踏車送給寄宿家庭卡蘿，下午拉著笨重的行李箱裝滿著書籍與生活用品上飛機，拜託好友Michael Wang接送到洛杉磯LA機場搭機，午後直飛臺灣桃園國際機場回國。

　　一九九二年五月十九日，非常興奮再見故鄉人。

面對當下有得有失，唯人生不強求，首先顧好身體健康要緊，也才有美好的未來。眼見身體出狀況提醒不能再硬撐下去，一定要當機立斷改變或停止折磨耗損。

遺憾沒有按計畫完成讀書，然而已植入不一樣地視野養分，不自覺涵養出開闊的胸襟，誠如一位好友丹姊說：「阿里，以前跩得二五八萬，不太愛理別人；一趟美國生活回來改變很多，比較溫柔體貼　些。」

何以見得改變？有此為證。

之前騎摩托車時，會在中途站牌或最近轉車站放人。美國回來後，開車接送朋友，會接送友人（跨縣市）到家門口，再問是否需要陪同進屋（基於安全考量），如果不用陪同，才會放心離開。

「改變」是唯一的不變。

回《陽光》，沒有準備回去。因為有劉姊及一群人等我接棒。

「爭取殘障權益，促進殘障福利」是《殘障聯盟》（於二〇一五年更名為《身心障礙聯盟》）的宗旨。

承蒙理監事會全力支持及劉理事長俠厚愛指定，於一九九二年七月一日正式接任祕書長一職，前後任職待了三年時間。

回國後未得些許清閒，即到處趴趴走，安排訪視好友，投入志工行列，參與《殘盟》大小活動，思考即將接任重責大任，以新戰力之姿備戰，為全國身障者發聲，爭取人權與服務，推動各項計畫。

為了解各個障別團體事務，熟悉各個障別團體伙伴，開始下

鄉進行拜會與請益之行，蒐集團體意見以作為規劃會務計畫。

對外尋求捐助、募款與資源投入，對內整合會員團體力量與準備修法溝通。

理監事全體無異議通過人事聘任案，一九九二年七月一日，正式接任《殘障聯盟》祕書長職務（任期至一九九五、〇七）。這三年，是我人生最精彩的倡議日子，也是最忙碌又充實的歲月，並且結交一些國會民意代表與投緣的官員作伙作戰與興革政策制訂。

為自己人發聲，爭取弱勢發言權，跨越障礙別服務第一人，心願當領頭羊，埋頭苦幹向前行，抱著「我不入地獄，誰入地獄」的精神施展功力。

全臺走透透，拜會團體認識會員，請益各團體負責人、重要幹部與會務人員建立人脈關係及聯繫窗口，瞭解各團體議題，聽取修正「身心障礙權益保護法」草案內容蒐集基層意見，期望能完整的呈現寫入條文。

傾聽障礙別差異性議題，如是否要開放按摩業明眼人及配套制度，就團體與個人也有不同意見、想法與各自表述好壞。如果開放，一定會有所衝擊視障者工作機會與收入，有何具體配套措施設計，如何積極有效管理，若不開放，如何寫說帖，讓立法委員及助理了解不同意見，這實在茲事體大，主責同仁一個頭兩個大！

起草修法當然找對專業人力很重要，慶幸找到傅台成專員係法律系畢業又曾經擔任顏錦福國會辦公室助理來負責專案修法業務。

視障者雖然看不到真實的世界模樣。但是，已嗅出徬徨的未來路，絕非一條坦途順遂之路。您說，能不慎重其事修法嗎？

　　很硬的工作，為何總是落在我身上？好像似中途受傷致殘，就被命定是勞碌命角色，是註定為倡議遊說而來，是為公平、正義、打抱不平而來！

　　錢在那裡？接手工作首先得安內攘外，又見財務存款幾乎見底，這是非營利組織的常態處境，要有錢除非是以直接服務對象看起來夠可憐、夠悽慘、夠爆炸的個案服務團體，否則要打動人心捐款可不是一件容易的事！

　　規劃優先順序倡議議題與計畫事項活動要花錢，這預算經費在那裡？非營利組織沒錢要動起來萬萬不能，只能逢人哭窮趕快去找錢。

　　執行工作經費很重要，震驚《殘盟》剩下不到十萬元現金，感謝財務理事王董真情相挺承諾贊助，不僅提供辦公室場所（約七十坪空間）做為辦公室用途，還要為固定的人事經費大傷腦筋，思量如何募款行銷《殘盟》團體。

　　辦公室有點空空蕩蕩，當下容納三、四位人員，顯得綽綽有餘又寬敞。

　　籌募經費辦理「為殘障而跑」活動，皇大香港學生引進香港模式，以「您出錢、我跑步」方式募款，意即每跑一定里程（如一圈四百公尺），就由當事人向支持的贊助者募款或自掏腰包付款捐給《殘盟》做為基金。

　　下雨天，心涼一半！在陰霾的氣候進行，劉姊力邀紀政小姐共襄盛舉代言宣傳，引起各式各樣政治人物的參與報名，當日親

自下場運動跑步者不亦樂乎，還跑到興致高昂不停歇，一再要求要重複的跑場，因為看台上司儀會賣力的大聲廣播運動場上跑者的大名放送出去，一時場內熱鬧滾滾、樂翻天，您說跑步者是不是大賺名聲。

會做生意不算什麼，能收到銀兩才厲害。終場要確認個人跑幾圈，以計收捐款金額總數，待服務人員趨近欲填寫相關收款資料，卻見有人馬上變臉，笑面虎大頭症快速閃身，立即走人！少部分推給助理來處理後續收款之事。

絕大部分參加者都很捧場相挺，賣力的演出募得一些資金，最後結算下來扣除成本費用所剩無幾。

劉姊邀請紀政小姐代言宣傳及拍攝海報照，活動雖然沒有募到什麼大錢。但是，主要向外界宣導《殘盟》理念，讓大家知道《殘盟》服務宗旨，期盼引起一些迴響，引起民意代表參與及各方重視就行。

募款看開一點，就當小廣告行銷。熱熱鬧鬧人客趣味就好，成功將《殘盟》行銷出去為樂。

與同仁討論工作計畫、辦活動，與團體伙伴聯誼，凝聚向心力以及尋求共識，有爭議議題就暫不處理，避免無謂爭執，如修法視障者按摩工作是否開放？體制內倡議隨時出席中央部會會議與遊說政策方向、溝通爭取社福預算寬列經費，希望有完善的社會福利制度與配套政策照顧弱勢族群。

三年任職內，與同仁訂下策略，完成四大計畫目標，最有成就感。

其一推動無障礙環境運動與糾舉官員失職、瀆職，其二催生

「全民健康保險法」立法完成，其三首辦「身障者特種考試」制度考試，其四著手三修「殘障福利法」研擬「身心障礙權益保護法」修正草案（今為身心障礙者權益保障法），在全國北、中、南、北四場次會員團體修法說明會，完成艱巨任務計畫。

工作要經常到立法院找立法委員及助理溝通遊說活動，就像在自家走「灶腳」般頻繁不減，為會務推展平時勤快發新聞稿與記者保持通話，經常上電視台或廣播電台節目受訪，行銷猶如三餐一樣密集上菜，還有要自己身兼製作及主持電台節目宣傳理念與服務，每日生活在心智耗竭與體力透支的狀態下，總是有處理不完的大小事，以及後續要追蹤的事。

立法委員都在玩政治權力、協商利益輸送，少用心於身心障礙者、弱勢族群議題事件。但是，也不至於公開反對社會福利政策及預算經費案。

我適宜參與政治嗎？看在眼裡，想在心裡。

一股團體伙伴們的催促聲音，以及勸進「阿里山來選，我挺您」的鼓勵心意。一時間左一言，右一語關心，倒像 回事傳播散布開來。此刻的心情些許浮動，內心開始思考與動搖，我能勝任政治嗎？

家人反對我參政，不希望我舞政治。因為，選舉會傾家蕩產。

選舉前政黨派系辦公室打電話來徵詢個人意願、試探口風；一時多方探詢意見四起，關心者說之有理與參選正當性充足，認為還是自己人出來選，才會賣力勤快做工，更不要期待政治番仔說三道四會積極支持弱勢議題。

躊躇，猶豫，矛盾，理想，願景，交織人情、親情有之，考驗如何取決。

不打不相識，形象被肯定。回想起某年的國大選舉前，K黨黨中央社工會幹部張先生打電話來找我說：「我們想找你作為弱勢族群代表」。

一時很錯愕、又驚訝！心想他到底有沒有搞清楚？很顯然他不知道我在他們所屬中央黨營事業公司（隸屬於桃園縣黨部）受害的人，豈可為政治工作違背自己的誓言與核心價值，以及認同、接受這個黨上下貪婪行徑作為。

電話徵詢，誤會一場！國大代表，擦身而過。

直接告知：不是黨員。可能誤會了！如此拒絕，不為心動。

以當時政黨局勢，若有口頭應允，可能就有機會，只是總有個節制，不因一個機會當頭，就毀棄內心常在的核心價值與願景，無緣啦。

有趣的事陸續發生，當時中央黨部社工會鍾主委獲悉我將去美國讀書，還捐個小小禮金相送，特此表示致謝，謝謝您。

古有前車之鑑，歷史永留傳，政治是一條不歸路，政客強搶位置坐，政治家立萬世言，兩者追求的標的全然不一樣；如果自己沒有想清楚未來定位前，如要當政治家立萬世言，抑是政客嘴臉賣國誤民，或是招搖撞騙之徒？絕對不要輕易撩落去參與政治工作，導致身敗名裂毀一生！

愛惜羽毛、名聲，不做沒有把握的事，不做超出個人能力與家人負擔之事。身為社會運動者，專為弱勢者服務，我關心政治與世局變化。政治是生活，生活是政治；別說不關心政治，不管

民主政治選舉，其實生活全是政治決定市場的供需價格，誰也逃不了。

參訪學習國外的寶貴經驗，充實專業能量用心推動政策。

從國內施行「強制定額僱用制」以來，輕度障礙者進入就業市場人數增多。但是，中、重度之各類障礙者卻望法興嘆，乏人問津願意雇用，對於國家社會就是一種人力資源的損失。

一九九四年十月一日至二十一日期間與李崇仁（中壢啟智技藝中心）、貝仁貴等三人一同飛往美國內布拉斯加州與芝加哥市參訪智障機構之個別化服務。

從桃園國際機場搭乘聯合航空班機到達S.F.（舊金山），轉機Denver（丹佛市），再轉機Grand Island抵達內布拉斯加州，展開第一站參訪機構的行程。

由李崇信主任規劃行程，Dr.Schalock安排機構參訪Grand Island City（大島市）、Hastings City（哈斯汀市）、Superior Town （史匹理奧鎮）、Broken Bow Town （布洛肯堡鎮）、Kearney City（康尼市）及Oxford Town（奧斯佛鎮）等市鎮地區。

第二站行程，十月十六日從Grand Island到Sioux City,IA,，續飛Spencer,IA,，再續飛Chicago,IL,，由陳瑞苓老師安排參訪芝加哥市Trinity Institution（三一機構）所經營的各項殘障福利事業工作，計有十六個部門在運作。

此行是一個豐富的實地考察學習之旅，在每一個計畫參訪地點，從主管到基層職工皆有機會與他（她）們對談工作經驗，聊一些服務技術面上要特別注意的事項；看見個別化服務

社區住宿家庭，支持性就業服務，庇護工場與福利工廠，以及外包契約工作計畫等等實行多年的模式，而國內仍處於倡導性質之狀態，如何急起直追為之，確實有待努力開發，所謂他山之石，可以攻錯。

回程於十月二十一日從Chicago國際機場起飛，於西岸S.F.（舊金山）機場轉機飛回臺灣，結束三週的學習之旅，衷心的感謝這些好友的協助安排交通、美食、住宿與擔當翻譯的工作。三年又半個月的時光在《殘障聯盟》服務，讓我學習到許多有關倡議立法、政策、社會、政治、溝通等不同層面專業與談判的技能手段，以及面對不同意見時如何取捨利弊、堅持價值、信念願景，注意眉眉角角與不惜衝撞的態度等經驗。

人生世事沒有完美的事，只有追求更完美的人生事，並且俯仰無愧於天地之間及良心罷了。

忘我，凡走過必留下痕跡；參政，萬萬不可強求非我莫屬。

無障礙權，工作權，醫療權

一九八一年（民國70年），為聯合國「國際殘障年」，臺灣為因應聯合國公告之「國際殘障年」，趕在民國六十九年六月二日總統（69）台統（一）義字第3028號令制定公布「殘障福利法」全文26條。這立法，太倉促了！

各方解讀該條文內容概以宣示性、象徵性、機構化、櫥窗化、空洞化，中央政府則透過補助性措施（管控手段）與消極性施政作為（選擇性供需）服務，從中央到地方政府有樣學樣少見

編制社工專業人力，年度預算經費（有限性分配）不足，服務計畫以安養機構居多，無身心障礙者需求調查與報告，更別說服務需求統計；社會司對外號稱臺灣身障人口十六萬人左右！民間質疑怎麼可能這麼少？以及趨勢評估分析……等等諸多問題。

殘障福利法規劃權責全落在單一社政主管機關定位角色，看不出在政策上有比較積極的法定計畫、活動項目、內容事項、核心價值與願景方向，再深入檢視各條文精神要旨意思，套一句俗話「食之無味，棄之可惜。」

回顧一九八○年代，從中央到地方社政官員總是「自我感覺良好」回應民意訴求，逼使民間團體從業者無法忍受政府公僕的消極作為態度，進而催化有志之士不得不集結商議行動策略，所謂「三個臭皮匠，勝過一個諸葛亮」，既然氣味相投又有共識，劉姐出面登高一呼，眾人響應，定期會議，研擬策劃行動，走上街頭抗議，為爭取人權，倡議修法，落實法定權益。

陳哥、劉姊耳提面命提醒阿里說：「無障礙五年限期條款」快到了！

優先成立「無障礙環境委員會」邀請學者專家、建築師與會，把各個障別召集動起來。然後同仁討論、規劃、寫計畫、如何執行。秦慧珠市議員幫忙，找人來贊助計畫案，做議題研究案，請林敏哲研究視障者導盲磚設計等分工事宜並行。

邀請王武烈建築師、藍武王教授、金桐老師、陳淑珍老師（歿）及團體就無障礙議題急切關心者陸續加入委員行列，透過眾人集思廣義獻策，討論短期計畫及如何督促主管機關動起來，要求訂定相關規則，訂立如何進行全國性勘查公部門公共建築物

及公共場所無障礙環境等工作、事項。

有人說「現在發現浪費很多錢用於鋪設導盲磚」工程上，告訴您鋪設一塊三十平方公分導盲磚（直條型）、引導警示磚（顆粒凸點型）各為七百元，工資四百元，暗藍色輪椅圖像標誌為三千六百元，工資四百元。

誠惶誠恐與擔心全面鋪設一定有問題！鋪設導盲磚，要導向何方？鋪設在何處？鋪設到那裡？建築室內？戶外？何處為先？內心非常困惑、疑慮始終未消除。

臺灣沒有鋪設導盲磚經驗，未看過這東西，沒有把握及確定可行性，持疑不前。全國這麼多大街小巷，要鋪設在什麼地方（城鄉、市區人行道路）？什麼位置（地點、範圍）鋪設導盲磚（條線）、警示定位磚（顆粒）？想到就頭大。

林敏哲老師和鄭龍水董事長堅持說：「先行去日本觀摩導盲磚設施設計，再把它移植回臺灣！」

祕書長尊重各方專業意見及從一開始要作對的事情，得放手讓他們著手研究暨訂定發展方向，那有攔阻不試的道理。如果要說：反對，很奇怪的。

放手一博鋪設導盲設施，經過十多年驗證效益，承認決策錯誤。

一個很嚴肅的基本問題，就是花錢的問題，而且錢要花在刀口上用在對的地方。

想當年參加職業訓練學建築製圖出身，技術不佳半路轉行。但是，對於這項引導視障者工程尚有一些基本概念深植於心，以及可不可行的思考邏輯在打轉消化，還不致於完全不懂茲事體大

與嚴重性後果。

殘盟委員會當中，就數無障礙委員會人員最多、最勇、最猛，包括各委員、學者專家、各團體代表等都很有心，每一次會議都很精彩探討各種議題及討論議案。

祕書處增補專業人才，王明慧、邱慶雄、游君惠、王嘉蕙、張嘉玲、簡明山、謝東儒、傅台成、陳叔女、鍾美玲等專業人力相繼投入分工執行專案計畫，還有結合中正大學社會福利研究所王國羽教授合作研究計畫案等，這般人員如虎添翼參與工作提升專業高度真是熱鬧滾滾，全力展開宣傳無障礙訊息與相關議題從不間斷。

創會領袖劉姐卸任後，由李宜宏（智總代表）接下第二任理事長職位，李哥從來不干涉祕書處行事，放手讓同仁規劃及執行計畫案業務，表示需要他出面到官場社交時，他一定放下生意應邀出席與會，是一個很好相處又會探班關心財務剩多少錢的大哥哥，對於工作人員非常照顧與支持，常問說：「還有錢發薪水嗎？」

從《伊甸》八德路搬家到大理街，財務經費剩下有限。常務理事負責財務王董說：錢的部分一起想辦法。《殘盟》籌備時，王董慨捐新臺幣壹百萬元起家展開服務。

平時沒有募得多少錢，那就做沒錢的事，不相信社會是無情的。

尺有所短，寸有所長。換句話說，有錢的團體不做事，沒錢的就來扮演好監督的角色，落實結盟的初衷，團結力量大，由《殘盟》來擔當烏鴉與批判的工作。

一九九三年，《殘盟》大會通過決議案，推動催生中央及立法院加速「全民健康保險法」立法，彰顯社會保險真締意義，社會保險係屬強制性、公信力強，非營利性，為互助性質，資金來源廣（個人、雇主、政府、稅捐）等特質，政府無可迴避當然為政策決策者與計畫執行者、保證履行者，絕非商業保險可相比擬，以維護全民生命健康財產權。

　　督促儘速立法通過，定期參與中央部會經建會規劃全民健康保險專案小組會議（含各部會代表），要求政府應編列經費預算補助弱勢者保費（按障礙等級），落實照顧失能無就業者（自保、非軍公教子女、自力救濟者）與家庭經濟弱勢族群醫療保費獲得照顧政策，將弱勢者聲音直接傳遞給小組成員審酌研擬，譬如說，身心障礙弱勢者「保費」如何補助？中央政府機關由誰編列預算經費？地方各級社政機關如何分擔保費比例？

　　一九九四年通過「全民健康保險法」立法，一九九五年三月一日施行攸關全民健康強制保險重大醫療法令制度，意義非凡全民受惠。

　　為什麼會全力推動「全民健康保險法」？

　　主要當時絕大部分身心障礙者沒有任何社會保險，若有除非您是軍人、公務人員、教師、警消、榮民、勞工等身分對象或眷屬依附其下，否則您得要「自保」自力救濟或購買商業保險給付（他也不賣），這對於弱勢族群在失業無經濟能力上絕對無法支撐與負擔下又亟需醫療服務，簡直雪上加霜、度日如年過日子，冷對個案如風中殘燭飄搖！甚至於等死境遇，家庭處境堪憐、無奈，令人心酸同情案主。

以個人燒傷為例，主治醫師說：在醫療急救期，大約花新臺幣三百六十萬元費用。若加上後續二十餘次手術治療情形，簡直會傾家蕩產一生，或者放任病情惡化或傷害個人一輩子的事。

　　再以罕見疾病常用「孤兒藥類」負擔醫藥費可能是天文數字計算，絕非一般家庭或中低收入者能負擔得起，還有重大傷病者醫療需求獲得滿足，不再因為身分差異性有差別待遇無法擁有就醫權利，透過「全民健康保險法」拯救弱勢性命權，能有尊嚴的活下去，這是政府可積極作為的政策及一樁照顧人民的美事。

　　看到「全民健康保險法」落實重大傷病政策照顧無數弱勢家庭之外，提供全民一個良好制度與政策保障醫療權，個人內心感受欣慰，以及與有榮焉參與此事。

　　但是，看到健保的醫療資源浪費與制度設計，內心衝撞、糾結不清自不在話下，再說一方政策確實無法面面具備，尤其是多方涉及到利益面衝突時，更是偌大的錢坑與無底洞開銷。

　　追尋價值與願景、每天忙得不可開交，就像陀螺一樣打轉不息。

　　審視內政部營建署毫無誠意，置法律規定事項於不顧，未落實殘福法第二十三條所定建立公共建築物、活動場所「無障礙環境」業務，頓時激起身障團體一片撻伐之聲，致使眾團體向主管機關抗議，成為全民無障礙環境運動之始，開啟國內無障礙環境空間的發展之路。

　　個人認為要推廣無障礙環境建設，必須先從學校教育著手，並且針對建築營造工程等相關專業人員在職教育訓練，了解行動不便者的問題與需求，才能知道如何規劃設計施工，讓全民認識

無障礙環境不是專為身障者而設而已，它也可以共融設計。

在人文方面，完全接納、支持與尊重身心障礙者人格與人權。在硬體方面，幫助兒童、孕婦、老人、行動不便者，及短期行動不便者有行的權利。

在公共設施與建築、交通方面要作到貼心的設備，有平面自由空間環境，有斜坡連接平整動線，有垂直運送設施如電梯、昇降平台，一切以人為本，以弱者為考量，自由自在的迎接行動不便者，跨出家門牢籠，參與社會活動，實現無障礙環境精神。

一般人覺得無所謂「障礙環境」。但是，對於視障者而言，導盲磚、輪椅族斜坡道若是被機車或汽車堵住，就無路可走。觀察建築師、室內設計師或工業設計師等皆以年輕人或強壯者思維作為設計思考，忽略了弱勢者需要無障礙環境設計。

落實「身心障礙權益保護法」第二十三條：無障礙環境五年限期條款，立即在組織內部成立無障礙環境委員會及其他五個委員會，辦理勘查無障礙環境專案計畫，出任內政部無障礙環境委員會代表團體擔任委員，隨內政部「推動建立無障礙生活環境專案小組」到全國直轄縣市，會同各局、處人員實地勘查落實建築物及公共場所無障礙計畫。

一個人從小到大，身體會變成什麼樣子，無法預知。只要下定決心，建構人文關懷文化，相信我們周遭的生活空間會更美好。

也許有一天，不分老少必須使用無障礙設施，多了解各別身心障礙者成因，才能減低對傷殘者的歧視與壓力。

一次車禍可以成為輪椅者；一次不慎的服藥或不當的醫療行

為，可以生出畸形兒或缺陷的嬰兒；一次的發燒，可以變成視障者，或是腦性痲痺者的機會。

語重心長告訴各位，殘障不可怕，內心傷殘最可怕。

無障礙環境五年大限，官員心中確實有礙無愛。

一九九四年，五年期限日落條款到期，依據內政部統計僅有6.4％公共建築物完成改善，59.6％完成部分改善，33.9％完全未改善，並且自法公布以來，有12個縣市沒有編列任何預算改善無障礙設施。

一九九五年一月二十三日，選定123自由日，抗議環境有障礙、不自由，辦理「一二三叮嚀」無障礙請願活動，呼籲政府落實殘福法第23條法規。

針對公共建築物、公共場所開始下手，全國實地勘查與紀錄現況大調查，全面瞭解無障礙設施設備問題在那裡？提出改善對策與扎判官方瀆職等預備資料。

《殘盟》行文內政部，雙方約好拜會事，主訴求為無障礙環境，要內政部說明執行發展：全國公部門到底做多少？達到幾分？全改善、部分改善、未改善等有多少分？就讓數字來說話，檢驗政府落實執行態度。

被內政部搞得灰頭土臉，相見不如不見，真心換絕情。

「先得先，後得後，落尾來，得不到。」

約好早上九點鐘，鄭信真理事長與黃部長昆輝拜會對話，遇到徐中雄立委搶先拜會卡位、喝茶拖延戰術歹戲拖棚，接著賴皮不想走！此際已經延誤大家超過一個鐘頭，眾人火氣升起，耐不住性子、蠢蠢欲動，叫聲不絕於耳！

官方出動警察團團圍住中央聯合辦公大樓大門口，雙方就是不退讓，拜會形成對立，幾經與社會司專門委員溝通磋商，希望如約定時間進行拜會。

團體不是省油的燈，成員當天北、中、南全部總動員、串連、分工方式，事後回到各地方政府陳情，以淡水河以外團體為界，各自到縣轄市踢館抗議，臺北市一團（約十一點）拜會陳水扁市長，並且做出具體承諾；首先成立「臺北市政府無障礙環境委員會」，個人為首任委員之一（殘盟代表），推動規劃騎樓整平，更新人行道鋪面、鋪設導盲磚等重大基礎建設。另外，阿扁市長也是國內首位落實政見發放「殘障津貼」的政府首長。

一早到內政部，已經有兩三百個人集結在徐州路上抗議，要會見黃昆輝部長，要跟他當面對話；然徐中雄委員不走，大家忍耐不住，外頭又有蘇嘉全等立委多人聲援，拿著麥克風喊「衝啊！」眾人一陣推擠騷動，前方突破警察封鎖大門管制線，一路衝進中央大樓辦公室，直闖八樓會議室。

警衛、官員、殘友、義工等群集擠會議室入口處，八樓場面群情激憤，鄭信真理事長（第三屆）率先拍桌子抗議，人群中夾道肢體者拐杖隨行，大家互相推擠想進窄門，警衛擋駕攔不住眾人，記者又移動路線卡位欲求搶拍完整畫面，頓時會議室門口亂成一團，分不清您我，有倒地的、被踩的哇哇大叫的，裡面的人衝撞撲倒在地、叫罵聲響徹天花板每一處角落！

三家無線電視台全國大放送。中午頭條報導《殘盟》衝撞內政部長新聞，場面失控混亂，個個氣極敗壞，突顯政府無心施政虛應故事一場，朝野一陣責罵主管機關失職聲音，內政部長承諾

在三個月內要查辦公佈失職官員及自行宣布延後一年限期。

　　玩真的，全國總動員分別嗆聲抗議，一鼓作氣向監察院遞陳情書，糾舉內政部暨營建署官員辦理無障礙業務計畫與督導直轄市縣改善業務缺乏積極作為，顯係官員失職、瀆職，最後有營建署及社會司身心障礙科官員三人受到懲處或去職處分。

　　爭取身障人權，政府官員不長進，日後只好持續抗議陳情。

　　後續《殘障聯盟》於一九九六年與一九九七年1月23日持續發起「123無障礙環境抗議週」與「123無障礙全國查封行動」，持續向社會各界推廣無障礙環境理念，以及貫徹落實全面無障礙環境建設。

　　促成憲法增修條文（2005.06.10）第十條第七項「國家對於身心障礙者之保險與就醫、無障礙環境之建構、教育訓練與就業輔導及生活維護與救助，應予保障，並扶助其自立與發展。」

　　一個接著一個來，一方方歇，一方又起，就是勞碌命。

　　一九九六年七月，落實身心障礙特考，首辦「身障者特種考試」為身心障礙同胞開啟一扇就業之門，而且終身保障公務人員考試。顯示政府開始重視身心障礙同胞就業問題，透過正式考試擇優錄取人才，予以任用。

　　國民黨軍系（士林區）趙振鵬立法委員國會辦公室助理來電說：「委員想拜會《殘盟》，老闆關心殘障特考。」「願意安排拜會考試院及考選部長官」，一劑強心針及時雨很管用，實際受益快速地促成修正公務人員考試法及辦理「身障者特種考試」，落實保障身障者「強制定額僱用」權益法令。

　　身障者取得公務人員資格身分，有關職務派任、敘薪、考

評、升遷、獎懲、撫卹、福利、教育（職前、在職、進修）、退休等制度上，可以獲得完整地保障與公平待遇機會，不再是「強制定額僱用」下妾身不明的臨時工。

一九九五年，趙振鵬立法委員（第一屆增額）帶領拜會考選部王作榮部長與考試院邱創煥院長表達辦理殘障特考需求，邱院長二話不說：「好，儘快辦理『殘障特考』，並且著手研議修訂相關法規。」

為什麼要倡議落實殘障特考？

身權法訂定強制「定額雇用」規定卻沒有實質僱用，身障者若沒有參加公務人員考試取得任用資格，就沒有任何權益保障，等於流浪的工人。

趙振鵬委員表示：「沒有殘障特考，身障者只能耗在公部門當臨時工，沒有福利，沒有保障，不能升遷，沒有退休金，更沒有尊嚴、地位，只有不安穩的度日子。」

權益、福利、升遷、培訓等全無機制保障！任憑長官決定去留與否，隨時可能職位不保，被其他人（政治樁腳）取代缺額。

政府機關不進用「身障者」擔任公務人員，他們說：你沒有資格，要國家考試通過，即使「身權法」有強制僱用制度也沒轍。學校還是不能用人，即使他想要依法用人，另外為什麼要賣你這個人事權？

平平是臨時人員，當然要找自己人先補，背後暗藏元素（選後酬傭）大有玄機，表面上不說穿而已！隨便藉詞唬弄一番，來個沒空缺，您奈它何！

考試院考選部開始起草研修「公務人員考試法」，修訂「特

種考試規則」將身心障礙者加進去。

特地專程到臺北《育達商職》考場看一下，關心首次應考人及特種考生服務情形。

祝福所有高中「身障特考」的朋友們，您比其他身障者幸運與幸福，更應珍惜這份得來不易的工作，因為權利不會從天上掉下來。

倡議，不入江湖，誰入江湖

懷著理念、核心價值、願景而來，成功不必在我。但是，一定有我參與行動。

一九九七年，發生於金門陸軍軍車翻車火燒車傷及士兵案，丁立法委員與基金會共同召開理賠協調公聽會，時任董事的我代表出席與會，檢視「軍人殘等檢定標準」竟然沒有理賠給付「燒傷」項目。

還有社會保險之勞工保險條例、商業保險、公務人員保險等如出一轍缺乏無料無理賠！換句話說投保人有繳保費，但給付細項竟然無燒傷、燙傷等，真是無言。

軍力演訓、操練、出差等經常造成官兵事故導致傷殘！難不成過去沒有人發生給付案例，這太離譜了！

一只空心菜保單，失能給付內容缺失很大，當年如何訂細項目？雙方權利、義務、公平、正義何在？實在有夠離譜與落後的保險。

軍人演訓或日常受傷或導致障礙，不足為奇。但是，軍方人

命不值錢！不是新聞？而且有黑數不明紀錄，甚至於用「為國犧牲」通知家屬結案。

愈想愈不對勁，怒從心上起，惡向膽邊生，我要來加碼做事。

投保人花錢買保險單，卻得不到發生事故理賠應得的權利，這算那門子的歪理保險法令，擊鼓而攻之。

就像消費者花錢買自助餐券的心情想要吃大餐，結果得到的卻是這個菜不能挾，那個肉不能吃，高湯不能喝，咖啡不能飲，只能乾瞪眼，氣呼呼，呼吸氣味來解饞。換句話說，這種空洞理賠內容那還用客戶去買社會保險？這種制度內容不夠細緻，這辦法細目有疏漏，理當早該補正，一刻也等不得，應快快修法。

補注：增列「燒傷」項目。國防部令（李傑部長）中華民國94年05月25日制剴字第0940000339號修正「軍人殘等檢定標準」第三條、第五條、第六條條文及第二條附件。

「當責」義務一直放在心上，該還的承諾還是要還。

一九九八年三月中旬，三進《陽光基金會》工作，履行當年出國計畫合約內容學成後回饋助學金「當責」義務條件事項；為實現社會保險真諦，政策倡議爭取「勞保失能給付項目標準表」有頭、臉、頸部項目，而獨漏「身體、皮膚排汗功能喪失者」未給付，個人深感不公與不平，以及商業保險人壽意外險「失能程度與保險金給付表」均未列入給付，深表遺憾與動力升起。

一九九八年十月二十二日，倡議攸關勞工自身權益，陽光與簡錫堦立法委員在立法院內政委員會共同召開「燒不死含眼淚」公聽會，迅速獲得勞委會詹火生主委回應修訂勞工保險失能給付

辦法，當中官方邀請民間團體代表（本人）開了二次研議會議。

一九九九年十月八日，勞委會通過增列「身體、皮膚排汗功能喪失者」項目，促使全身遺存肥厚疤痕者勞工在權益上獲得保障，影響深遠廣大。

權益不會從天上掉下來，有好康的制度，如果沒有努力爭取，付諸行動，就沒有實現的可能。要享受權利，就得打拚盡義務。

法律要落實保障個案公平正義，個案要在法律中實現人權真理。

本案從研擬計畫到通過修訂失能給付辦法，前後不到一年期程完成修正，快速又有效率，是歷次遊說倡議案很成功的案例典範。

社工非萬能，社工科系沒教的多如牛毛，如修法、遊說、倡議、無障礙生活環境，以及人權等議題、行動、技巧與方法，顯示出缺漏不足。

在主管會議上分享，執行長要我報告爭取勞工保險失能給付辦法「身體皮膚排汗功能喪失者」倡議過程傳承經驗，然萬萬沒想到被主管同仁（有社工、非社工）消遣放槍、冷眼以對說：「給付不公平、不正義。」天啊！這些人，不敢領教。

不見棺材，不掉淚！見了棺材，心冷漠！

驚見這群主管保守心態與爭取弱勢權益的膚淺，讓人失望透頂至極，感覺心在滴血，面對冷血者的回饋，真不知他們修了什麼課程？又如何提供服務於個案的需求面？

原以為她（他）們有見識專業，知悉社會保險的真諦與大樹

法則精神，當下發現非也！簡直是不可理喻。

神仙放屁，不同凡響。大開眼界，震撼教育！是專業教育的無知，是學習過程的課題選擇。

社會保險的真諦與精神，您懂多少？保險權利與義務，您知多少？

自己的權益自己救，您要自命不凡又無事，我佩服。但是，當下即刻認清相關人等知能術養，即刻劃清界線不相往來暢談倡議事，道不同，不相為謀。

各位身障者及家屬為自己倡議權益是天經地義事，絕對不要期待及等待他人施捨或良心發現，因為號稱專業知識的從業人員不見得會主動當倡議先鋒者。

看透專業的傲慢與知識分子的偽善，說穿了專業，是專門騙人為業，盡說一口「專業」詞彙術語而已，再說美其名擁有一張畢業證書或國家考試證照在身上守護，當飯碗以求生活過日子。

學者，不學無術；專家，專門騙人家；專業，專門騙人為業。

從本案察知部門主管既無力為傷友們積極倡議爭取權益，又無心做好建言興革，要求政府檢討制度或修訂規則、施行細則、相關辦法，顯見他們不知的、不管的事還真不少，專業還是有知能層次的，有道柿子挑軟的吃，何苦過勞加諸身上；個人態度既不強求，不與之為伍為上，外人也不要無知呼應，美化這行業。

面對他們冷面、失溫回饋，一時無法釋懷及相對理性看待，從此與部分主管漸行漸遠、理念無交集，所謂話不投機半句多，即便後續在不同團體服務，偶有相同的倡議議題或修訂法條相託

之事，一概冷處理回應對方的提議，請她們自己想辦法處理議題，咱們就各做各的倡議事，誰也不犯誰就行了！

有一次在旅遊交通議題會議上談無障礙服務事，某營利團體代表談及她就無障礙旅遊服務客人時採取「用抱、用抬、用揹」方式；在下當場表示不同意見，《行無礙協會》以輔具為先，三不原則「不抱、不抬、不揹」方式服務。

一般抱小孩上下樓尚且不易，何況要抱一位成年人上下樓梯或岸邊渡口進出不平穩的船舶實在是非常危險的！

各位好好的想一想，遇上八十公斤以上體位者您怎麼辦？上樓、下樓、渡船、上下飛機、移位等動態的環境下，倘若不慎發生重大傷害事故，誰負責最終的責任？

在國外遊學期間從未見過障礙者使用單拐、雙拐杖、穿鐵支架者，倒是看到坐輪椅者（手輪、電動輪、特殊輪）行動居多，因為先進國家無障礙環境建設與時俱進提升融合設計，出門活動不用擔心平面或垂直系統障礙問題。

無數次自問：我是不是不易相處、壞逗陣？不然怎會得罪一掛人等？

朋友說：「非也！是您直言不諱也！」

找一種心情接納自我去放逐，孤獨在組織內行事奮戰不懈，冷眼笑對NPO春秋事，平常心看待不同立場與態度者，不與之一般見仁見智見識，不然會抓狂崩潰於先，另外也換個心情，從此與這些人保持若即若離、冷卻心情保持距離，以做好自己的業務為優先，如此兄弟登山，各自努力無掛心。

倡議任務在身，主責各式議題案件及相關計畫執行，這事基

本上由跨部門同仁發現問題，再一起討論議題提案、分工負責、彙整出擊作業。但是，倡議、遊說及推動在我身上掌舵管控進度與執行，以及對外尋求國會立法委員召開公聽會。

手持釣竿誤觸鐵道「高壓電」者時有死傷新聞報導，臺灣鐵路局當事人晾一邊，對於個案事件不聞不問？拿鐵路法當尚方寶劍與門神作為規避。

沒錯，鐵路法法律如此規定，您奈它何！但是，人命關天啊！豈可冷感？一條命只給十萬元慰問金，各位釣客就別再大意輕忽強行跨越鐵道了。

二〇〇三年六月十八日，蔡煌瑯立委與陽光召開「鐵道安全」公聽會，促請《臺灣鐵路局》為海岸遊憩民眾手持釣竿（碳纖維最易導電）闖入（直立）鐵道誤觸「高壓電」者應該築起鐵道安全網乙事，遏阻釣客及休閒活動者誤入歧途走捷徑，建構鄰近鐵道耕種農民保有安全出入口便道預防措施。

不說您不知道，《臺鐵》沿線高壓電線電力為二萬二千伏特強力，如果釣竿物質（碳纖維）臨近一百五十公分內就會被一股強力的電流吸引導致觸電？

您會認為釣客不可能如此接近它呀？錯、錯、錯、連環錯！

因為地點、地形、地貌關係，有些鐵道臨近山壁、邊坡落差（道路之間），如桃園鶯歌段、東北角海岸線，都可看見這些地形落差環境，常見高壓電源饋線高程與道路地緣界線幾乎等高水平或結構柱體相當接近之設計，著實讓人害怕膽戰心驚。

釣客，別鐵齒，休閒活動，別靠近。釣竿、竹竿、導電物質一定要遠離它。

薰香精油舒緩身心、提升生活品質？放一瓶燃燒彈在家、車內等爆炸？

薰香精油源自法國人在盥洗室使用做為除臭化學物質，商人利之所在，一朝成為廠商業者賺取暴利產品，崇尚時髦的消費者趨之若鶩，在不明用途及資訊不對稱下，聽信服務人員片面術語，又驚又喜不疑有潛在高度危險性，開始使用微火點燃火苗啟動薰香，殊不知是引發火災燒毀住家的原兇，或擺在汽車內密閉空間不通風與夏季高溫下導致爆炸燃燒，賠了夫人又折兵。

消費者無知、誤信、誤解精油用途，商人誇大療效（違醫療法）賺取暴利！

死傷事件報導一樁樁，受害者死傷求償無門！行政院消費者保護委員會視若無睹？中央政府部會不知該誰來管薰香精油安全？衛生署？經濟部？互踢皮球！各有話說，衛生署說「非醫療食品」；經濟部說「非工業製造品」。請問官員那是什麼？

二○○三年八月十九日，周清玉立委與陽光召開「當薰香精油變成死亡炸彈」公聽會，決議要求《行政院消費者保護委員會》定期會議專案報告，督促衛生署藥事檢驗局召開「薰香精油」專案執行控管，持續追蹤市售薰香精油不實廣告宣傳，以免發生不可預測之災害傷害消費者生命財產。

二○○四年四月二十日，幾經數次會議討論及專家研議訂出規範，衛生署公告「薰香精油安全規範」及薰香精油無療效；十月一日經標局公告薰香精油安全規範有六個月緩衝期，讓製造商有設計與因應時間轉緩生產空間。

二○○五年四月起，產品應符合標準；薰香精油點火或薰香

時不得產生火焰，含異丙醇及醇類之閃火點應在二十一度以下，且薰香精油包裝瓶及補充瓶為2000cc；皆須有防止兒童使用的安全瓶蓋，包裝容器上須以中文標示商品內容、警告用語、生產、製造商名稱；屬於進口產品也應標示進口商名稱、電話等，總算將製造商產品改為「插電式」，提升消費者產品認知及使用行為方式，將不幸傷亡事件降低與財產損失，零容忍杜絕後患。

面對生命苦難與不捨逝者人命，似乎是職場上附帶給我的最大磨練。

靜不下來，要走出去。國際化、本土化、專業化，訂策略發展路線，不可執著偏於本土而已，要將本土經驗轉為國際化，打開國際路線進行多方交流。

推動國際燒傷專業知識（工作坊）與預防倡議學習新知，參與國際燒傷倖存者年會活動，建立國際燒傷倖存者友誼、支持管道與個案復健經驗分享，以及雙方結盟交流互訪，與時俱進專業人員提升專業能量，譬如引進國際燒傷創傷壓力量表，見識國際整形醫學專業學術研討與技術移植等等知識。

二〇〇四年五月，陽光辦理「Face to Face燒傷與顏損者心理研究與實務國際研討會」及與《美國鳳凰協會》結盟換文；十月十三日至十六日期間首度指派四位同仁參加第十六屆世界燒傷大會（World Burn Congress）於美國北卡羅萊那州教堂山市，有七百多人與會，基金會當然不能缺席蒞會。

深呼吸一口氣，短短上台一分鐘，緊張又手足無措，用結結巴巴的英文加上熱騰騰的小抄上台致詞，同時致贈禮物（Amy Acton執行長）以示雙方友好交誼。

打開視野心胸，率隊赴美國北卡羅萊納州（傷友經驗分享、代表《陽光》與《鳳凰協會》（Phoenix Society／for burn survivors）洽談未來交流合作、大會致詞）、林韻茹治療師（燒傷復健服務經驗分享、搜集燒傷服務資訊）、莊麗真督導（燒傷全方位服務經驗分享、蒐集最新燒傷服務及倡議趨勢資訊）、張春惠社工員（燒傷社會工作服務經驗分享）一同與會學習；將《陽光》本土化服務燒傷經驗推向國際舞台，為臺灣做了一次漂亮的國民外交活動。

　　政府，累了吧！換發身分證規定問題來亂，政府施政放火燒自己！

　　二○○五年四月二十六日，前往拜會內政部社會司蘇麗瓊司長與戶政司謝愛齡司長，當面向司長陳請政府換發國民身分證照片應該顧及顏損者形象、尊嚴與權益給予兼顧保護個資隱私權，按戶籍法相關規定可選擇在照片欄位上不貼照片，惟仍要求交照片儲存於戶籍資料建檔案乙事溝通。

　　法，不外乎人情，風俗習慣，約定俗成，直接證據，心證，判例等形式表現。

　　按二○○○年（民國99年07月28日）修訂之國民身分證及戶口名簿製發相片影像檔建置管理辦法第九條：戶政事務所受理請領國民身分證，應查明當事人戶籍資料、歷次相片影像資料，確實核對戶籍資料、相片及人貌，並將所繳交相片掃描建置影像檔。核對當事人容貌產生疑義時，應查證其他附有相片之證件或相關人證等方式，以確定身分。

　　如上這般行政作業措施，望文生義侵犯隱私權，恰似成擾民

手段工具！

　　初領、補領、換領或全面換領國民身分證，應繳交最近二年所攝正面半身彩色相片（規格如附件三），由戶政事務所將相片掃描列印於國民身分證。但依本法第六十條第二項規定由本人親自申請換領國民身分證，或有本法第六十條第三項情事申請換領國民身分證者，得免繳交相片，直接列印該檔存相片製作國民身分證。**請領國民身分證，因特殊情形，經戶政事務所許可者，得免列印相片。**

　　按最後這一句很重要，面對尚未接納自己容貌公開者有一個選擇保護（隱私權）的方法，以及讓時間暖化心境與改變現實想法。

　　人性，需要時間催化、醞釀、發酵、提煉、純化、優質化等層層疊疊歷程轉化，讓當事人感受昇華、突破自我設限境界，進而通往涅槃世界。

　　同理，身分證，為何要強人所難，一定要相片示人？您看看那些變造者還是橫行霸道，遊走四方如入無國界之境；就顏損者強加相片就免了吧。

　　一條繩索，拉住一隻牛或馬群行進；一條法令，綁住一票不相干人等。

　　天下人，管天下事，豈能袖手旁觀！何況是受傷倖存者之一，當然是無役不與發聲，只要有相關議題知無不言，言而必行參與、當仁不讓。

　　二〇〇五年六月六日起，專案參與《殘盟》團體修訂「身心障礙者權益保障法」案事宜，為身障者爭取人權、保障權益（二

○○七年七月十一日總統公布）盡一己之力量，提議修正身障就業基金問題與困境，條文內文如下：

第43條（身心障礙者就業基金之收支保管及運用辦法）
　　　為促進身心障礙者就業，直轄市、縣（市）勞工主管機關應設身心障礙者就業基金；其收支、保管及運用辦法，由直轄市、縣（市）勞工主管機關定之。
　　　進用身心障礙者人數未達第三十八條第一項、第二項標準之機關（構），應定期向所在地直轄市、縣（市）勞工主管機關之身心障礙者就業基金繳納差額補助費；其金額，依差額人數乘以每月基本工資計算。
　　　直轄市、縣（市）勞工主管機關之身心障礙者就業基金，每年應就收取前一年度差額補助費百分之三十撥交中央勞工主管機關之就業安定基金統籌分配；其提撥及分配方式，由中央勞工主管機關定之。

　　最後一項很重要，因為有些縣市地方無（少有）工廠或公司登記，故而造成「地方放雞屎，中央生雞蛋」之事，換句話說將污染物留在地方，按公司所支付未定額雇用身心障礙者之就業基金繳納差額費用依登記地繳給臺北市政府收走，財稅制度設計不良、不公平，竟然肇因於總公司名義登記在臺北市管轄內所致。
　　荒謬吧！不說，您不知道！不監督，您更不知道！但是，當下勞動部是否落實條文修法用意「資源統合再分配」規劃，不得而知？這基金用途有勞「身心障礙就業基金管理委員會」委員定

期會議及管理運作出成效公布之。

事情永遠做不完，要關心的事不停歇。

二〇〇五年九月二十九日，《殘障聯盟》專案研議勞工保險局「殘廢給付判定方式變革之必要性研究」案接受訪談與出席北區焦點團體座談會，提供親身申請經歷與法條設限，希望有正向的、實質的給予受傷者公平的對待。

喊死豬價！稱斤論兩看待人體器官損毀程度，讓人無法接受賤價給付表列。

二〇〇七年一月二十七日，接受《殘盟》理監事會決議修訂「職業災害勞工保護法」案專案擔任召集人，邀集代表、專家成立「職災勞工重建對策工作小組」進行研議及修法事宜，期許保障「職災勞工」獲得完整醫療重建支持、輔具與生活照顧，以及訂定復工服務，朝向「職災保險法」訂定。

二〇一四年十月三十日，職災勞工保險法草案行政院終於行文函送立法院衛環委員會一讀（黃淑英立法委員提案），迄今仍然休克（立法院屆期不連續規定，按法必須有人重新提案）昏迷不醒！如孤兒般被遺棄無人聞問，立法委員諸公在忙什麼？誰人知悉？有誰在乎？

當今網路世代資訊開放透明，公民參與的公共議題很多，有興趣者好好接觸公共政策與挖掘真相非難事，就看您想做什麼事，走什麼樣的路？

公民參與公共事務，就從居住環境開始。累積多年社會服務工作經驗，加上愛管閒事的個性，與積極參與公共事務的性格催化，就公寓大廈（樓）管理事務攸關居家生活環境與權利義務，

當然發言據理力爭表達意見。

自己的社區自己救，您不理社區，社區會理您。有我參與，就是要好上更好。在區分所有權人大會上，發言表示規約內容意見，莫名其妙地接下主任委員一職，擔任八屆主委及二屆副主委職務。

建立管理制度，落實社區自治化。既然接下職務，全力以赴，積極與各委員著手規劃制定社區規章與管理辦法，嚴格要求建設公司依照法令移交管委會，提撥公共基金與限期完成公共工程修繕事項。

萬事起頭難，心血沒有白費。人是最好的資源，如何把人動起來是很重要的事。辦理活動如郊遊登山，節慶一戶一菜分享餐會，發動住戶認養種植「臺灣欒樹」美綠化周邊環境，澈底落實資源回收與環保維護工作，要求住戶遵守「無鐵窗」外牆景觀，以及提供優質的管理服務工作。

短短二年期間獲選為中小型社區公寓大廈管理維護競賽第三名，隔年更進一步被肯定與鼓舞，獲得第一名殊榮。

主動出擊，結合鄰居管委會協力合作，提出建言改造鄰近墳地為生態公園意見（關注無障礙步道設計）；拜會爭取小巴公車行駛偏僻路線；聯合在地社區人士推動拆除高壓電塔34.5KV卜地（公聽會及遊說）活動，最終讓這些嫌惡避鄰設施於二〇一三年完全拆除清光，真正足以放鞭炮大大稱讚一回！

「如今剩下最後一哩路，請鄭宇恩議員幫忙召開協調會，要求政府督促天然氣瓦斯公司積極埋設民生所需天然氣瓦斯管線有些許進展。」至於何時會完成就交給後續的管委會及主委去追蹤

了；從家事關心到政府事，說明了小小公民能做的事情還真多。

這般完全義務性無償付出不計成本投入，用自己的休假出席社區管理經營事務，卻又能甘之如飴放手做，有時冷靜地想一想到底為了誰？說來或許有些許無奈與承擔何其沉重！總歸一句話「歡喜做，甘願受。」

遠親不如近鄰，近鄰不如對門，這也未必全是。有緣來相聚，有錢能夠買到喜歡的住宅。但是，未必能買到好鄰居可以好相處。

有一天與社區的住戶聊起來，大家有一個共同的期望，就是建構一處綠美化的環境視野，營造一處有品質的居家生活空間，一起分享社區的生活點滴，實現社區人文關懷，創造新「世外桃源」環境。

要怎麼收穫，就得那麼栽。今日種什麼花，明日得什麼果。

二〇一四年，好友宗勳來電邀我加入「柯P公民顧問團」助選事，毫不猶豫一口答應。

二〇一四年，318學運期間天天去關心、報到、上台說話，與家人一起遊走街頭巡視，看到家人被現場感動而參與街頭抗議行動，這是以往隻身上街頭抗議未曾發生過的事情，讓我非常感動家人的改變願意站出來。

小政府，大公民，柯P成功當選臺北市長，「柯P公民顧問團」立刻成為監督角色，落實兌現政見的有力團體，這一票助選人行動力旺盛，隨後組成公民監督力量不鬆懈。

二〇一五年十二月底發起成立《臺灣公民參與協會》扮演監督角色，要監督政治人物兌現政見，不是您隨便說說而已，當然

是不客氣要玩真的。

　　柯P市長首先成立「公民參與委員會」，對外公開遴選十二位委員（府外）及市長指定三位委員組成，我是委員之一（連任一屆）。小組分為公民參政組、開放資料組、參與式預算組，各組每個月定期召開一次會議，三個月一次大會，另外還會視各種議題性質需求召開I-VOTING審查會議等。

　　還權利於民，學習公民參與，人民成選民，選民變公民，公民當刁民，用力的監督，才會有不一樣的流動，從政治、經濟、生態、環境、文化、人文、社福、勞工、移工等下手，改變您的態度與視野，投入公民參與行動，一起向前行。

　　二○○八年受邀擔任《公民監督國會聯盟》言行及官司評鑑小組召集人義務職迄今，曾被某立法委員捏告，以不起訴結案。

　　檢察官傳訊原告、被告擇期召開偵查庭偵訊，首先確認訴訟雙方身分人別，詢問雙方是否認識等，問當天如何主持評審過程；待我回話說部分流程尚未完結，即被檢察官打斷說明。

　　檢察官說：「邱先生，人家都已經公開召開記者會迅速回應向你道歉了，而且各家媒體也大量的報導了，你還想要怎樣呢？」。邱先生即輕聲訕訕地說：「那就算了。」我也鬆了一口氣。庭訊一結束，隨即轉身向他握手言和表達致歉之意。同案，對顧理事長忠華之提告部分由高湧誠律師代理答詢後同時撤案並作成結案，前後不到十分鐘結束。

　　臺北地方法院外面聲援我的伙伴們人人各持一束向日葵（太陽花）猶在門口等我開庭之消息尚未散開，突然間見我為何這麼快速地出來？一時間甚為訝異！待我報告庭訊對話結果後，即刻

引起一陣歡聲雷動，直呼說「太神奇了」。最後，由何執行長宗勳帶領大家歡呼口號後解散回家。

如此這般公民參與關心國會監督民意代表事一戰成名，《公督盟》評鑑國會立法委員人事，經過法院認證，確認無誤失。

感謝檢察官的明事理，又知悉社會的脈動與人民的期待。

默菲定律發生，因為評鑑大會的前一天才收到該立法委員的承諾書簽署單，祕書處人員忙碌間疏漏少加上這一筆大分數，再加上當天負責審查核對該員檔案之資料文件的評鑑委員未察覺沒有計入分數所致，結果影響了加總統計分數與名次，經調整計算分數後，由墊底一名變更為最後第三名公佈。

馬有失蹄，人有失誤，誰能無過失？

火中歸來，一晃眼間，往事消逝如煙，回首一路顛簸相伴不缺，偶爾走過悲傷難免，惟見歲月流逝消退無痕，一路行來奮勇向前徐徐且行，慶幸自己走出悲情，忘卻往日陰霾往事。

確立理念、核心價值、人生願景、自我實現、夢想標竿如斯。意志堅定走過荊棘，這不死鳳凰，生命依然燦爛。

曾經質疑過世間人的接納，驚嚇非禮相視對待情境於我。

昇華放下所有成見與偏見勇敢面對，不要以為自己是最悲慘的那一位，從不懷疑自己的能耐與本能潛力將發熱發光。

NPO，不能說的祕密

曾幾何時喧騰一時，國際上有蘇維埃邦聯「葉爾欽效應」！

臺灣NPO有「阿里效應」！自我解嘲一番，就是自我感覺

良好。

生活作息固定，無交際應酬俗事纏身，只要把分內工作要管理的行政暨人力資源大小事與角色扮演好就行。

二〇〇〇年起，就讀空大，每個月回蘆洲校本部面授；假日去士林市場買菜，整理家務清潔房間，偶爾得空陪小孩騎腳踏車戶外運動，剩餘零碎時間守在電腦前打字寫作打稿，經常忙到午夜、夜深人靜才入睡，這段非常忙碌時期，內心甘之如飴，因為做到了超越自己能力所及之事。

按既定計畫寫作出版「阿里疤疤」書，自己的故事，自己書寫起草，自己的歷史，自己細說記載，不勞他人下筆亂掰。

二〇〇〇年中，臨定稿出版前，出版社編輯完稿即將印製《阿里疤疤》一書，為新書行銷宣傳準備前置作業，一時忙得不可開交，九歌出版社公關宣傳與我商議二個想法商談新書發表會地點計畫案，其　在九歌合作經銷商金〇堂書店建國南路進行，其二商借《陽光》辦公室舉行記者會。

出版社很重視出版發行宣傳事，當然要全力配合促成相關計畫作業。

待我徵詢基金會主管意見後，副執行長表示：「可否讓三位副執行長先看看新書內容人樣？」

當下執行長一職懸缺，董事長設下三個副執行長職務，此舉組織人事變更，引發董事會辯論人事設計合宜性，董事長欲求三位副執行長表現，以擇其一升任執行長的策略未獲共識引起內部議論紛紛，凸顯決策層機關算盡。

無心機的人，不疑有它！當下不覺得不能給稿，何況要出書

發行了，即刻影印三份內容與陽光有關的章節文奉上，一方面耐心等候回音，確認是否能借到場地使用。

無疑小警總復活，搞恐怖手段管控言論著作，黑手潛藏NPO內審查文稿，是有過之，無不及，類比政府戒嚴年代管制思想！時過境遷此刻回想起來，百感交集，太欺負人了！

二日後，副執行長說：「很抱歉，不方便在會內借場地召開新書發表記者會。但是，會派一位常務董事代表與會獻花致意。」

好冷的回饋！好冷的民間官僚組織！

我問「為什麼不便借場地？」

電話中支吾其詞說：「因為書文部分內容不夠客觀、真實記載完整的樣貌」。

是我出書，非陽光出書，有沒有搞錯啊！

完全明白了！欲加之罪，何患無詞？何況背後尚有高層（三位督導）操弄著玩偶！

「狡兔死，走狗烹！鳥盡弓藏，魚屍曝曬。」功高震主，則身危，自古已然！厚黑學，沒有白讀。

當頭棒喝！如雷灌頂，挨一記大悶棍！

腦中閃過一件事，兩相比較出書，大小漢，差很大。罷了！

一個聲音在耳際響起，莫非過氣了！無利用價值了？沒有邊際效益了！套一句共產黨的話「無剩餘價值」了！認清事實在眼下，死心了。

如此，走人，滾蛋吧。

悲情的NPO！不見苦勞！不必說功勞！真心換絕情。

心頭無限量冰冷，冷到直打哆嗦，感受到春天的陽光，恰似冷若冰霜！

三位副執行長聽命行事，即不敢造次說理，也不敢相挺力爭公平對待，顯示出一票人無核心價值、願景、渴望追求公義之心，純粹布袋戲上身，意即出門活跳跳，入門死翹翹。

做牛、做馬，不如人意。好吧，求人，不如求己。

瞞者瞞不識，識者不能瞞；了然於胸，知悉有人指點。

待觀察分析躲在背後操弄的藏鏡人，已相當清楚傳遞出不惜「決裂」的訊息，當下已浮現出決策者的態度，刻意藉此出書時壓制「鶴立雞群」形象，趁勢拉掉「招牌身分」而後快！

先人言：「防人之心不可無，害人之心不可有」

好戲在後頭，與時俱進升級加碼，戲碼如影隨行，人前笑逐顏開，人後趕盡殺絕，在圈內上演用完即丟戲碼，比擬連戲劇劇情。

印證一場遊戲一場空，講什麼「有○○的地方就有溫暖，就有愛」，頓時心頭浮起Slogan話術，實為行銷宣傳包裝形象罷了。

一個標榜專業、服務的決策人聯手對待曾經參與發起、創會、籌備、募款、代言，倡議、爭取人權、奉獻青春、珍惜生命的人留下內心衝突與矛盾情緒真是情何以堪！

歷史留給後人寫，事實勝於雄辯，有人要端整碗，豈能無是非與正義公理。佛爭一炷香，人爭一口氣，我爭一個理。

凡走過必留下痕跡，一路跑過的戲碼在手上走過，要說陽光典故劇情，我就是那一冊歷史字典與圖書館資料庫絕對不假，相

關陳年經典故事來龍去脈要說說不完的。

二〇〇六年，一位常務董事不滿董事長處理會務決策方式，強行設立三位副執行長人事案，容不下他人不同意見表述，一時無法接受其管理作為，請辭常務董事一職，聲明退出董事會權力核心運作，開出不信任的第一砲。

遠走曾經孕育之地，離開恩怨情仇之處，走自己的路。

二〇〇七年一月，退休轉職他處，二度就業持續倡議性工作，惟他人無法忘情我參與監督NPO事，一再的提供相關資料讓我知悉組織情事。

二〇〇八年，有人分享（傳MAIL）相關資料，針對年度財務報告內容，監察人稽核發現「夢想起飛」專案投資高風險性股票虧損（下跌）逾新臺幣五百多萬元，該損失金額被列在「其他科目」項下是否得當？要求主管補充說明。

二〇〇八年度結算累計虧損七百多萬餘元，董事會追查投資小組成員行事作為明顯違背、違反董事會決議授權額度，一樁公益美事最後變成壞事收場。

董事會曾就該投資案決議給予百分之十漲停或跌停制約進出市場授權機制。但是，該投資小組（七人）部分成員不遵守董事會決議脫手了結，導致愈陷愈深不可自拔處境，虧損賠錢七百多萬元。

天下人，管天下事，何況曾經在組織內耕耘奮鬥過。

這段期間有收不完的內部對話訊息交流，攔不住個性直言回應發表個人意見，殊不知此文字表達已經得罪一些當事人等，這下又結下了樑子！

總要有人出來負責吧！如何負責？如何分攤？發動逼宮以示負責？劇情發展高潮迭起，張力不失宮廷戲碼！NPO，不能說的祕密，如茶壺內的風暴欲蓋彌彰！負責人老神在在戀棧職位不去。

　　監察人施加壓力提議糾察，董事會檢討本案自負虧損額度十％部分，餘額由三位有錢的董事分擔差額補錢了事。

　　另一方面董事會提案討論董事長適任案，決議通過不信任案，董事長被迫下台，結束這件NPO內部投資虧損事件。

　　二○○九年間，董事會屆期改選，有人推薦我參與補實「傷友董事」一席名額，當下非常掙扎這個回鍋角色，一度陷入苦思是否再次進入基金會組織運作，幾經深度思量再三及陳哥好言相勸，勉為其難將個人遴選表單送給承辦人員行政作業。

　　召開董事會前三天，推薦者來電表示：「危險！危險！要向董事們一一去拉票拜託啦！」

　　曾經滄海難為水，心裡不疑有他！當下心如止水，護守三个原則，不做他想，不做揣測，不打電話固票。一切逆來順受，當作試金石考驗，還會有多少朋友存在？還會有多少戰友相惜？

　　董事會揭曉：張姓傷友，取而代之。認識他多年，恭喜他。

　　長期的觀察董事會運作及組織經營管理人際互動奧妙，任權位者眼中「傷友」只是被擺佈的棋子，當有用時就被推出來作秀一番，反之功高震主則身危，亟欲去之而後快。

　　完全見證這場NPO權力遊戲，厭倦這場沽名釣譽的人世。而今與這些人漸行漸遠，完全斷絕沒有聯繫，即使在街頭轉角處偶遇、公共場合活動，也只有打個招呼或視而不見帶過，這就是我

的個性「疾惡如仇」的寫照，堅壁是非價值。

當年要推行建立董事會「傷友席次」機制，《陽光》董事會引領潮流曾經設計二席「傷友董事」代表制，人員由《陽光俱樂部》推薦代表產出，之後種種因素《陽光俱樂部》階段性任務結束，同儕服務運作停擺進而解散，董事代表名額自然從缺，甚至於不了了之，玩弄權術罷了！

「財團法人」董事會係封閉式董監事，成員常來自近親繁殖人脈或推薦相識者與會以鞏固自己票源勢力，形成萬年董事老賊不退之人渣，「萬年董事」若無退場機制設計，則濫竽充數或交叉持股遊走NPO組織；相較於「社團法人」理事會開放式，理監事來自於全體會員人選產出，二者人脈完全不一樣（其實也可以操縱選人策略），選任方式有差異，民主機制相差大。

了解部分董事態度深怕「傷友」在學習賦權中具有影響力、殺傷力，在學習自我實現過程中，有朝一日威脅到他們自以為是的社會公益角色代議制，故而有所顧忌不願意放手，完全整碗捧走，鳩佔鵲巢不說，卻扮演起乞丐趕廟公的戲碼。

體會有些董事對於傷友的心態存有個人偏見，認為傷友學歷低，社經地位低，不能賦予重責大任。

矛盾與衝突時起，人性與權力糾葛，綜括天下烏鴉一般黑。

回想發起時要推行「傷友服務傷友」理念，真要落實兌現「傷友服務傷友」的價值何其難也！部分董事骨子裡用人哲學視學歷背景高低權衡職位、職務，完全背離當初創會理想性、核心價值、願景，又說希望有一天完全由「傷友自理」服務局面。但是，事實如何？說的，比唱的，好聽。

「傷友服務傷友」理念言猶在耳，俊良兄逐漸淡出董事會之際，成員更替漸次變質走味，董事會一些人口說一套，卻做一套表面功夫，感受不到曾經的心意理想性，更加嗅不出實際的溫暖度，也看不出人力資源培力計畫方向，這些種種跡象心裡有數，因為長久以來負責董事會組織運作事一切了然於胸。

二〇〇七年，副執行長來電邀我擔任「顧問」欲借重過去倡議經驗事，在常務董事會議提案討論有關聘任顧問人選案，決議：再議。

之後，忙於工作，忙於生計，忙於家事，早已淡忘受邀「顧問」這回事。

個人不在意，無所謂掛名顧問事，僅偶一為之與一些人互動參與。

人生意外，總是悄悄來敲門！凡人的一生，誰能持續掛免戰牌？

幾年後，副執行長因病療養辦理「留職停薪」一年期滿，欲申請回任，卻被拒絕復職！另外好友來電告知他生病，希望能有些許老朋友關心他。

那也按呢！忐忑不安的心，油然升起。

事不宜遲相約見面，共進午餐，沒想到大爆冷門案！

告訴我內部鬥爭事；有人一直刻意排擠我、封殺我。如提名「董事」一案，原提名「同額遴選董事」突於三日前黑箱行政作業，刻意改變提名新的人選，董事會（好友一樣背叛跑票）聯手固票，惡意操作換掉我為上！開票結果當然如他們所願之人當選。

一丘之貉，終於露面！海水退了，就知曉誰沒有穿衣褲！

當下聽的我耳熱（雖無耳朵了）神傷，覺得太不可思議了！頓時全身起雞皮疙瘩無數回，遠近馳名的臺北昌吉街有名的熱騰騰的豬血湯滋味軟嫩可口，咬一口含在嘴裡更加熱火中燒，差一點嚴重燙傷口腔，忍不住情急下直接噴出來。

　　這些過時的威權年代戲碼真的莫名其妙加身，一方又起一陣寒意襲人入骨斲傷筋脈，時至今日證實確定在下是她們的眼中釘、惡煞對象，要去之而後快的傢伙，容不下我在陽光的日子，走唱快意的人生。

　　「畫虎畫皮難畫骨；知人知面不知心。」

　　哈哈哈！哈哈哈！一個聲音響起「人不遭忌妒是庸才！」

　　一頓平淡關懷午餐，意外起出一件又一件與這些人的恩怨近代事！總算在當下知悉分別那些人是真正的朋友，欣喜那些人是非朋友之行列。朋者，酒肉也。

　　被出賣了還不知！還幫他們數鈔票入袋。

　　回憶前塵往事打從心底佩服自己，投身於身障領域一向獨來獨往，抓議題進行倡議累積豐沛運動能量，適時顯現威力批左打右、六親不認時有，真的非常了不起，也肯定自己如是觀！

　　參與機密事太多了，歷史證據會說話。凡走過必留下痕跡，舉證之所在，敗訴之所在，就讓我分享說說故事吧。

　　還原歷史真相，當年陽光官方登記「立案基金」新臺幣五十萬元，係某女士商請中時記者陳賀美採訪我與黃○青二人的報導，刊載於副刊半版（一九八二年四月初）總計募得七十餘萬元作為基金登記來源，所謂「財團法人陽光章程內捐助者三人係為籌備曾決議推派代表作為出資者名義」事實真相這般，這就是公

共財所成立的NPO組織團體。

　　路人甲：「您對陽光有貢獻，為何董事如此相待？」

　　當事人：「因為有人不懂事，以為能騙取世間人！」

　　鐘鼎山林，各有天性，不可強也！隨遇而安，盡力而為，將遺憾，還諸天地，讓本文來見證這一段不為人知的故事。

　　無情無義，集體圍攻，霸凌加身。論表現，沒有功勞，也有苦勞，最後換得疲勞與過勞相送！還好個人意志力堅強，信念價值堅實，無私奉獻甘苦，看破人生，無怨無悔，走自己的路。

　　決策層由少數人參與權力，挑選董事分工督導部門業務，運用手法對待老戰友，機不可失快速出手切斷關係！

　　一夕間，驚醒夢中人！一場戲，認清敵我，誰是誰！

　　回顧厚黑學，妙言「司馬昭之心，路人皆知。」

　　放下，追夢，再起，暢快，人生，願景；此地不留爺，自有留人處。

　　原本尚存一絲敬意，此刻已然無存曾經過往的情誼；若非發生在自己身上，真的不敢相信，最最惡質的NPO組織文化，拋棄式用人手法，用過即丟；真的謝謝他們教我寶貴的一課。

　　老傷友說「我們是過氣又過時的產品，現在有新產品『口腔癌患友』？」

　　我說：有本事就另外成立「口友基金會」，不要乞丐趕廟公。

　　盜亦有道，踩著他人屍體當墊背，非好漢。

　　沉思，木已成舟，心無負擔；好漢打脫牙，和血吞，全認了。

以漂亮的身形走出變質的舞台，再尋覓一處不一樣的處所傳承經驗。

聽同事說〈螢橋潑酸事件〉傷友出版新書，執行長特別籌辦新書發表記者會支持，另外，還動用公關費花錢買書相挺，送給同仁人手一本。

就事論事，人比人，氣死人。兩相比較，不如她？

徐志摩說：「得之，我幸！不得，我命！」

哀莫大於心死，置之死地而後生。自我轉念，絕不戀棧當下。

飄！隨風而逝。

知悉前方有路阻，要留下來幹嘛？一生一手主導倡議議題，大半已完成成績，何苦熱臉貼冷屁股！這些人的虛偽與傷害，遠比當年急救敷藥還痛！

堅持將生命奉獻給知己與公義社會，非得在此耗損人格與陷入困局。

出版社決定在金石堂書店舉行新書發表記者會，邀請家人全數到齊，淑女、媽媽、兄嫂、姊姊們從南部各地上來相挺支持，還有老朋友、社區管理委員會委員獻花致意，場面溫馨感人，銘記在心，沒齒難忘。

德不孤，必有鄰。

寫作，是一段漫長的嘔心瀝血淬煉過程。心情，宛如撥開層層疊疊洋蔥，片片刺眼眼熱神傷。出書，將心血濃縮化作輕風吹拂竄入人心激發共鳴。

蔡社長（董事長）聽聞媽媽是「單親家庭」扶養五位子女歷

程深受感動，有感而發當下捐一千本書義賣分享，突如其來溫暖感謝不盡。將之分配給《陽光》五百本，《殘盟》五百本，雨露均霑，希望有更多人閱讀品味。

感謝葉樹姍好友牽成出書，感謝陳素芳總編及同仁辛勞編輯出版。

邀約宣傳分享我的故事，將生命經驗傳遞給有心人咀嚼消化。

忙著上電視台錄專輯、新聞採訪，接受廣播電台現場節目，不遠千里應邀去臺東、屏東、花蓮、臺中、嘉義、臺南、高雄、大臺北地區、澎湖等各地國小、國中、大學、社團演講。

擴散到企業界教育訓練課程、學術研討會、緩起訴活動等分享生命體驗，順勢簽名賣書理所當然。但是，要靠賣書賺點版權費或演講過生活，以目前個人資質分享功力鐵定會淪為街頭遊民相伴行列。

通告告一段落，該是辭行的日子，心裡早已準備好離開及面對同仁的提問，為什麼要走？為什麼要走？一時無法說明，片刻講不清楚，試問留下來被磨個性，非我今生哲學之道。

留在《陽光》等退休，還有八年「折磨期」工作變數及取得資方給付退休金之要件，當下無奈心境可想而知，不時浮出負面氣氛，又外部時空變化莫測，著實不敢妄想、奢求能繼續做下去，就任性一次，不做為難自己的事，瀟灑離去解新愁。

規劃「自請退休」請領退休金計畫，按當時勞工保險條例條件，有關勞工退休辦法（舊制）依年資與年齡分別計算，我符合這二項申請資格要件，既年齡已達五十歲，年資逾二十五年。換

句話說，已投保三十年，早已過底線。

勇敢走自己的路。

依勞保年資總計達三十年，換算可領四十五個基數，再熬資方八年沒有多大意義（放棄資方給付部分），以及累加勞保退休金基數已無空間利益。

老年退休給付換算一至十五年各為一個基數（1-15年×1點＝15點），第十六年起至三十年各為二個基數（16-30年×2點＝30點），二者加總為四十五個基數，換句話說，已達勞退屋頂天花板最高給付基數總額度，並且選擇一次請領方式領取給付為上策，同時償還房屋貸款餘額，無債一身輕又消遙自在。

人不理財，財不理您。知道自己要什麼，比要到什麼重要。

主意已定，啟動規劃退休生涯，優先結清償房屋貸款餘額，翻轉家庭經濟壓力，減輕生活負擔，提升生活品質，然後再二度就業，另謀相關工作過一生。

面對抉擇，寒冬飲冰水，點滴在心頭，完成階段使命，心碎於《陽光》。

套用漢高祖劉邦殺功臣手段「飛鳥盡，彎弓藏；狡兔死，走狗烹」一樣悲涼落寞與徘徊不散，驚「功高震主，則身危」一樣惴惴不安與不值得瞎操心。

從小事，看大事，一點相通，不容質疑。

一個決策，大夢驚醒，留或不留，操控在我，董事長相約面談二次，行禮如儀猶如過水戲碼，看穿此人心眼心術，一副雞腸鳥肚；認識他多年與相處之道，沒有納入正向交集的NPO伙伴，何況平時話不投機半句多，此時我再不走，尚待何時出脫？當下

氛圍封殺情勢已明，三十六計走為上策。

水滸傳：「梁山泊水寨雖好，終非久戀之地。」

人言戲稱「戲棚下，站久的。」。但是，輪不到我，亦無盼望。

三進三出，無怨無悔。前人種樹，後人乘涼。我係前人，築夢踏實。

勉勵自己，他們窮盡蠻荒之力無法打敗我，強摘招牌勳章無法改變意志格局，只會激發勇者向前行的力量，只會愈挫愈勇面對不可知的未來。

這就是「阿里疤疤」；人稱「阿里大哥」。

二〇〇九年十月，某一天，接到一通執行長電話，告知欲頒發「陽光倡議獎」。一時全身起雞皮疙瘩，很驚訝又好笑！這突如其來的徵詢消息。

我問：為什麼？執行長回話：「籌備主管提議，一致通過，非你莫屬。」

感謝厚愛，心領了，不用客套，拒絕受獎。

如果要給，會直接丟到垃圾桶。

語氣堅定表明結束往來關係，您們不配給我獎。

過去，白人門縫裡看人，不把人當人看！今後各走各的陽關道，過自己的獨木橋。

雞屎落土，尚且三寸煙。不是閹雞，趁風起飛。

豈能被看扁、吃死死。不妄自菲薄、自慚形穢，保有打死不退的心境。

「東山飄雨，西山晴；道是有情，是無情。」

放下，看破人生百態，終不悔！

這群人對我侷限於學歷低，直言衝撞，得罪官僚，衝勁做事，轉進轉出，不夠忠誠，不聽話，膽敢向上管理，當吹哨者發聲，通告董監事有關董事長擅自作主停繳退休金事。

職場難為，向上管理，向下督導，是中層主管的擔當責任與當盡權力。

二○○四年，基於職責（職掌與吹哨者），發出一封電郵致函董監事成員，主要內容係向董事長據理力爭勞保法令規定，基金會應如期向中央信託局開立帳戶繳交勞工「舊制退休金費」事，就一方資方代表不得擅作主張停繳費用，必須先走行政程序（程序正義、實質正義）與一方勞方代表一起開會討論做成決議內容事項紀錄，並且函報臺北市政府（地方）管轄主管機關核備後才能行之，他豈可一意孤行為之！

直接挑戰董事長單方做法，然而董監事各自回應、零零落落回饋，有理解法規者表達關心意見，並且回MAIL表示支持贊同應如期繳納退休金，有某些董事不表示意見也不知伊葫蘆裡賣什麼藥？

被視為頭痛人物，監督勞工權益不歇，無端惹來一身腥！這下被記仇了，被點油做記號了，也似乎是意料中之事。為管理決策行政程序正義，不平則鳴出發。咱家非「傀儡人物」，非唯唯諾諾奴才型，更非這些人的盤中菜、綿羊、囊中物，這一切所為盡在不言中。

看不慣的事理，做不來，裝不像，不裝神弄鬼，巧遇扎手事，就面對因應如何處理，除非眼不見為淨，否則不曾放手不

管，直到問題改善。

走到這一步，已山窮水盡。既然看見違法問題，基於職責義務，要默不作聲吞下去，裝作若無其事，實在是有違個人核心價值與願景。

老天有眼，天助我也。有人夜路走多了，即使不鬧鬼，也會撞見黑影，嚇出一身冷汗來！

有一天，勞工局來文表示要預備「勞動檢查」稽查，肇因某家NPO庇護職場加油站違規，給付身障加油員工最低工資低於勞基法時薪計算規定；本會同時遭受池魚之殃，一併被列入勞動檢查稽查單位。

當天，精明的勞動檢查員蒞臨審查相關勞動文件資料時，立即發現逾期半年未如期提繳「舊制退休金費」，隨即開立改善事項單要求即時改善補繳欠款，這勞檢動作猶如上帝之手，不費吹灰之力解決了棘手事。

任務已完成，樹立的敵人夠多了，放下恩怨，思量求去，伺機再出發。

二○○七年一月五日發出一封「放下、放棄、再出發」書信，電傳董事會各成員、主管及少數要好的同仁一一道別與道謝之意。

抉擇，放下、放棄、再出發

歸鳥沙有跡，帆過浪無痕——宋之問

二○○七年一月底，要與各位說再見的日子。

特此向各位致意與謝謝照顧，亦時時感受在心也。也許您會問？下一步要去那裡？誠如自己的行動信念「謀定而後動」，坦然說：NPO圈子很小，還是在社福界與大家一起打拼！

放下，是自己給自己一個迴旋空間；放棄，是自己對現在的環境氛圍做一個結束；再出發，是實踐自己一生對社福志業的承諾行動。

三進三出陽光紀錄。

一九八二年二月十五日到任，首任陽光幹事開疆闢土、披荊斬棘，擔任主任（任四年四個月）勇往直前；一九八七年七月起接任代祕書長（任三年一個月）衝鋒陷陣、結盟團體、奮戰不懈；一九九八年三月十六日三度回任行政部主任（任八年十個月）信守承諾回應約定；一日陽光，終生陽光，順利執行諸多社會倡議議案，實踐核心價值、完成願景，前後服務陽光總計十六年三個月，五九三一個日子。

期間領受陽光獎助國外進修就學一年七個月期（因身體不適提前回國終止計畫），還有擔任俱樂部部長與志工、董事一任三年及常務董事近一年時間，這些時光幾已讓我回味無窮及感恩在心。

二○○六年五月間，發信給董事長及副董事長表示動向，雖承董事長關心親自約談聊天。但是，並未打消離開陽光之心意與心情。七月初董事會生活營後將個人意念公開與各位言明前情，期間承數位董事關心了解，然一切未變。十二月底個人依內規於一個月前提出辭職書予主管轉陳董事長閱核定奪，並且再次約見面談動向。但是，離開之心從未改變、動搖。

二〇〇五年十二月三十日，報載頭版頭條臺科大副教授林〇裕先生捐贈1,255萬元給家扶中心，由衷感慨激動在心，他曾是陽光董事之一。

值此基金會忙於陽光二十五週年慶（四分之一世紀）之際，寫這封信實非適當時刻，然直覺擇日不如撞期，儘早告知小順其自然。

忙於新書出版事，陸陸續續應邀前往全國各地學校演講，感受深深，長久以來觀察社會對於身障者的態度在變，人與人之間也在改變，尤其是傳統價值亦隨著時代而漸進接納身障者，這是可喜的現象。

值此轉換職場之際，向各位報告一聲及保持聯繫，等我「電子郵址」搞定，再與大家眉來眉去！

投下深水炸彈，無端驚濤駭浪。有來電問候關心者，邀約請客餞行者，送小禮物鼓勵者，這一刻，人情冷暖不必相送，在尾牙宴上終止劃下句點。

同仁回應又如何？待我整理如下：

　　阿里主任您好：

　　　　收到您要離開的訊息，心中只有不捨的感覺，回想起在陽光的日子，在我的感覺您是一位老前輩、老大哥、老長官、老學長（在陽光），或許是我沒做好這樣的準備，心中充滿難過與不捨，其實這幾年來多少幾次我也想離開？但您一直是我們指標性的人物！

　　　　還是不捨！但祝福您的決定。

Kay

「當跑的路我已跑盡,美好的仗我已打完,當守的道我已守住,從今以後有公義的冠冕為我存留」這是聖徒保羅離世前的自評與勉勵留言,後世用在基督徒追思禮拜傳為流行金句良言,但我經常以此為榜樣和自省,如今也以此贈言與你共勉,更肯定感激你的付出與貢獻,在我人生當中貴人以你和劉姐最為「麻吉」知心,只是難免曲終人散各奔東西,而事與願違又令人無奈遺憾,還好結局不在地上搞定論斷,深深慶幸此生有你和陽光同行共舞,但願上主親自成為你的祝福,彌補你生命的缺憾,加倍賜福給你和淑女、兒女。

俊良

雖在很多社團裡打滾過,但在陽光,我只是沉默的觀察者而已。一些故事我仍不懂,也不刻意去問,總覺尚未需我「發功」的時候。結交好朋友是一大樂事,認識生活中的勇士,更是人生美事。但相信,未來定有更多的機會,在適當的時候,會一起來努力。保持聯繫。

你的朋友　○安

剛剛在您的位子上寫便條,才發覺桌上的文件格子裡,已經空空!看來您已準備好了!只聽聞了您的離去消息,雖然不知道原因。但是,還是覺得捨不得哩……。

還沒想到要如何報答您在傷友大會的鼎力相助！而我好像也沒什麼可以給您利用的……，這下可糟了……！還是說謝謝吧！謝謝您雪中送炭。謝謝您抽出唸書的空檔，幫我一個一個找檔案照片（你應該有考一〇〇分吧！好心有好報喔！）謝謝～

　　祝福您接下來的生活順心、精彩。祝福您和您的家人、平安、健康。再一次感謝！

〇雯

　　揮一揮衣袖，不帶走一片雲彩。

　　緣分已盡，選擇自己的路，人生還是很寬廣。

　　轉換職場，面對不一樣任務，投身兒少婦老殘，讓生命更有意思。

　　〇〇七年一月一日至二〇〇八年三月十八日，擔任《臺北市社會福利聯盟》總幹事職務，完成修訂「社會救助法」與「臺北市公益彩券盈餘分配基金收支保管及運用自治條例」部分條文；並且接手完成籌備《臺灣社會福利總盟》工作及順利移交業務給繼任人。

　　二〇〇七年六月，獲得臺北市第一國際獅子會「第三屆臺灣貢獻獎」；十二月獲得內政部第十一屆身心障礙楷模「金鷹獎」；同月獲得「臺北市傑出市民獎」；比較可惜的是獲得內政部推薦參加日本第十一回「系賀一雄紀念賞」（The 11th Annual Kazuo Itoga Memorial Prize）落選；二〇〇八年九月獲得法鼓山「國際關懷生命獎」榮譽，以及新臺幣三十萬元獎金。

這獎金來的正是時候，正好補貼中斷半年的工作養家生活費。

　　二○○八年十月六日，轉任《財團法人伊甸社會福利基金會》研究發展室高級專員執行無障礙事業群籌備專案（部分工時），負責無障礙住宅諮詢與改造服務計畫，於七月三十一日結束專案計畫工作。

　　同時運用部分工時參與《臺北市行無礙資源推廣協會》工作，兼辦兩邊業務，忙得不亦樂乎，九月初正式擔任專職。

　　度過工作不安定、經濟不景氣、高失業率的年代，讓我學習更多不同的領域，清楚走出自己的視野，不再侷限專注於特定對象，從此與《陽光》漸行漸遠斷絕關係，轉而投入行動不便的輪椅族為新伙伴，一起展開無障礙旅遊體驗服務，在地關懷，租借輔具，無障礙住宅諮詢，爬梯機上下樓梯服務，落實推動無障礙環境勘查及網路資源分享訊息，希望建立一套服務模式，進而複製經驗到其他地區推廣在地的服務。

　　單親家庭成長的孩子，讓我更懂得如何面對生活、工作與笑看人生，回首人生沒有什麼遺憾，只有溫暖又冷靜的心，俯仰無愧於天地之間。這一生能做的已盡力而為，當下未做的就留給追隨者去完成。

　　堅持對的事，創造美好願景，落實核心價值，不計較利益得失。

公益託孤，信守承諾的價值

二〇一七年一月十六日夜晚，手機傳來一則陌生的訊息留言，告訴我二月二十五日（週六）要結婚，問要不要出席與會，再細看陌生的英文名字會是誰？最後看到熟悉的「〇貞」名字，一時間眼熱、感動又興奮、淚如雨下。

工作上認識南投埔里曾爺爺、孫女及哥哥（父母因居家火災不幸雙亡），結下一段老少交情之旅。這段故事說來話長，話說小女生因燒傷治療後，社工評估亟需安排手術、復健、就學、生活照顧等多項需求服務計畫，因此進住《育幼所》到國中時期，她是小陽光中五位（四女一男）成員之一。

一九八八年七月十日，規劃一場街頭義賣茶葉包（天仁茗茶贊助）活動，做為籌募《育幼所》基金，動員志工及社會大眾支持參與下總計收入新臺幣一百多萬元經費，隨後在文山區某營區旁覓得建築物二間，並且展開系列的完善服務。

曾爺爺從旁得知基金會服務需求（育幼所用地），有心願要捐一塊山坡地（面積約二三分地）給基金會規劃使用該地（位中台禪寺附近），幾經董事與工作人員多次現場探勘該地周邊地理環境、鄰近道路、引水水源、四季氣候、專案人力以及交通運輸等相關條件下，初步朝向以規劃為庇護職場（養蘭花計畫）用途為先。

幾經分析算計資金後，認為在農業實務工作、專業經驗與Know how技術以及前述條件整體尚且不足下，該地無用武之

處，經董事會討論決定歸還捐助人。

公益計畫趕不上變化，土地閒置在那兒殊為心急，不知該如何是好？

數年後，曾爺爺過逝。心裡盤算著等待哥哥長大成人20歲不用監護人後，再登記歸還法定繼承人為要。

這其間身受背負壓力，數度接到其親叔叔來電索地，當下基於一諾千金、誠信以及信賴保護原則，堅持不為所動，在約定的時日期始後，立即在地方好友潘小姐見證下，到地政事務所辦理過戶手續移轉給哥哥名下，並且支付所有稅款，結束一段公益託孤之情。

當時，被董事會授權掛名（幫農）代管產權登記，戶籍必須遷移到埔里設籍，又按土地法要求登記自耕農耕地必須在十四公里以內範圍才行，因此數度當天來回開車跑臺北—埔里奔走，還好承辦人員知悉此公益捐贈美事，特地指導如何準備文件資料，以及相關證件等配合作業事宜，順利完成。

這一晃，細數逾三十年，小女孩長大將嫁人為妻，真是替她高興，這般感動時刻，當然要出席吃大餐，看看這一對新人，並且給予衷心的祝福。

醉過方知酒濃，愛過方知情重。

NPO是一生的志業，也是生命價值所繫，我在這裡扮演倡權的實踐者，也在這裡見證人性的光明面與黑暗面。

於今更是不敢鬆懈片刻時分，做什麼，像什麼，而且不只要做好一件事，更要忙的數不清。

此時此刻，就讓我們一起加油吧。加油！加油！再加油！

過客，政治學習春夢一場

學習政治參與，希望可以參與從政改變身障權益政策。

一九九五年底，有國民大會增額代表選舉大事，伙伴們建議先從這裡開始參選探試民意，不要直接挑戰高難度的立法委員區域選舉。幾經思量動心，謀定而後動，接受大家的建言準備離職（殘盟）參選，扮演新的角色。

邱「喇叭」說：各派系早有內定人選了，你們現在才說「太遲了」。

有一天，林萬億老師（時任副祕書長）得知民間團體要推出人選時傳話給「喇叭」知悉，他即刻約見我當面談選情並分析利害關係與加入參選的衝擊力道。他說：「希望你不要妄動，因為多少會影響黨外團結選情情勢，力量會分散，會選的很辛苦。又說：不知你們要推出人選，也沒聽你表示要參選；這樣好了，你先來社會部接任副主任，學習政治參與工作如何？」

不入虎穴，焉得虎子！入了虎穴，才知是大貓群舞，各有盤算與派系人脈競逐不退。

一九九五年七月十六日，進入《民主進步黨中央黨部》社會運動部（社會發展部）擔任副主任。

政治細胞要啟蒙開發，政治敏感度要有臨場現實感，這一場政治夢想三年半就夢醒退場。明知黨內選舉有派系在操盤運作，如果自己非流派核心支持者根本不用問機會，眼看同志結黨盤旋算計席位強求謀出頭，適才入門（各派系都有認識的人）盼有人

牽成，然內心又若即若離不想拘泥於派系中打滾，堅持清流走弱勢正義，希望派系有認同相挺。但是，何其困難啊！對爭相要提名的人來說，有競爭就有落榜，再說生吃都沒了，那有得曬乾？

如此複雜、矛盾心情在中央黨部猶如孤鳥一隻，還有自己存有政治潔癖在心，無法認同一些黨員激烈的爭奪手段表演，套一句政治人常說的話：「只有搶位置的人，沒有等位置的人。」

有一次，苗栗縣一位姓杜的帶著鄉親同志為爭取提名，包四輛遊覽車帶人到中央黨部（民生東路上）陳情抗議，從中午過後群聚在樓下集結與樓梯間穿梭，試圖想進出黨部辦公室，一方散人員持續流動叫囂到入晚七、八點等到中常會結束時還不見人群散去。

受命負責現場維持秩序，與同仁分派任務、糾察隊分別守住門口及留意黨部人員出入、記者訪客等人身安全，不要讓群眾直接上樓搗亂辦公室辦公事情，或對特定與會對象有近身衝突吵吵鬧鬧的行為發生。

正當帶頭群眾起鬨，叫罵聲不斷、到處流竄失序（藉口欲上廁所，再伺機轉進嗆聲施主席）又鬧的不可開交之際，高先生（管區巡官）表示：「阿里，要不要現在動員警力支援現場，太晚就不妙了。」我二話不說，即刻向邱祕書長報告兼請示，獲得同意照辦，讓警方協助，以預防萬一集體脫序行為發生致不可收拾之地步。

隔日，進辦公室後，財委會魏主委○乾見我冷冷地說：「阿里，不用那麼認真啦！沒有人會鳥你的。」一時瞠目結舌，心情涼了一大半，那也按呢！

在下不求出頭爭功，反被潑了一盆大大的冰冰冷冷水！

中國偷渡客，自稱政治犯，欲求「政治庇護」。

來一個，抓一個；來兩個，逮一雙，絕不放過。

這裡有位「中國偷渡客」，高先生請你現在過來。

這位偷渡客說「他被政治迫害，他搭漁船從東北角三貂角海岸線上來，自己摸索問路前來中央黨部民眾服務中心求助」，黃先生在接待賓客時聽其言才知是中國偷渡客，工作人員基於人道主義及一時信他片面之詞，同情他的處境暫時收留他，想辦法協助他、安撫他，同時買便當給他吃。

二日後，工作人員覺得事情不單純，特來告訴我如此這般，有偷渡客案情問我如何處理，我直覺判斷這種「中國客」違法事，不用囉嗦，隨即掛電話，請松山分局民有派出所高先生來帶走，直接移送宜蘭縣「靖廬」準備遣返中國就對了。

一九九八年縣市長選舉，黨工們分工忙得不可開交。各部會副主任級除了要參與大選會議事務之外，也分配負責觀察及監督中央黨部委託學術單位進行黨員初選登記參選的民意調查事務工作。

有一晚，被告知要召開監督民調分工籌備會議，左等右等各部會指派出席與會者成員，其中顏○進主任臨時被派公差去美國之外，原預定會議時間已無端的延遲一個鐘頭過去了，又見零零落落的人員出席與會，各個等的心情不耐煩起來，眼見此刻陳○信副祕書長匆促進場又兀自開罵起來！嘴巴嘀嘀咕咕、唸唸有詞不歇，真是煩心。

眾人你瞪我，我瞪你，互視一番。這眾人煩，我也很煩。

「要誰出國，也是您們同意的」脫口低語無意說。但是，聽者卻及時翻臉、張牙舞爪起來！

這下他可火大了！怒不可遏！

個人無意直言犯上，觸怒他腦內神經腺體發作，加上平常仗勢（許主席）頤指氣使基因爆發，瞬間破口大罵：「阿里，你什麼意思！幹！我的事，要你管。幹！沒你代誌，住嘴。幹！」極盡低俗語氣，氣呼呼又怒不可遏，滿臉通紅血壓上升，臉頰似煮熟的蝦子般色彩相向，得理不饒人般嘶叫滿室內。

一串三字經連發開罵不止，驚覺情勢不對即刻表示歉意，直屬部門李副祕書長○全（歿）及民調中心陳○麟副主任二人亦聽不下去，出聲制止要其適可而止亦不可得停歇，一時氣氛搞的非常僵硬難看。

深受嚴厲羞辱與無情對待交加，暫且隱忍下來出席與會，等隔日再向蔡主任○全（歿）當面報告詳情後再做決定。

這檔事一夕間，已傳開千里遠。昨晚在黨部的訊息早已傳開出去，知情的同事打電話安慰我，要我不要理他像瘋狗一樣個性脾氣，他是最不得人緣的一位黨工人物。

阿茜組成「辣妹助選團」南征北討轟動臺灣走透透，許主席領軍從中央黨部出發，臺北都會走到南部鄉村，日日披星戴月從清晨行軍到夜晚，晚上分派工作到造勢晚會現場結束後才得以散場，簡直日日是爆肝行程與超時的工作狀態。

社會部主要負責二件事，一則協同車隊前進路線規劃指揮當地交管工作及督促地方黨部支援糾察隊在市區遊行活動人力，二則在造勢演講會場準備成捆的白布條提供給現場支持者簽名活

動與臨時相互支援現場調度事宜，可惜整捆簽名布條沒有派上用場，最後只好棄之當垃圾丟掉（原計畫擬掛淡水河右岸牆壁）。

日夜連趕七天行程，個個人仰馬翻，撐到最後一夜，拖著精疲力竭的身體與同志們各自隨車隊回到臺北。清晨一點，車隊從臺南市現場發車，上午五點回到中央黨部前卸貨及放置器材，再趕回家沐浴換洗衣服，沒有多餘時間可以睡覺休息，接著趕在中午前回到黨部辦公室，準備接續晚間開票前現場場地的布置。

人力資源管理不當，勞逸分工不均大小漢對待，屬於他的人馬不用做事，年終考績照樣拿優等討賞無誤。

那知「前線吃緊，後線緊吃」狀況，一票留守在中央黨部部分後勤黨工不用分配當天開票的庶務工作，反而是隨著車隊外出助選的黨工們，尤其是男性全部被安排要負責當天開票現場的布置作業，黨工們使勁地從樓上樓下搬運桌椅到一樓處，並且持續忙到開票結束，以及整地收拾乾淨後才能休息，這般負荷即使是鐵打的身子也受不了如此超時工作與分工方式折磨。

晚上十點後，已受不了體力負荷消耗，又開票早已完成，黨部內派系老大、大老們在開會不知何時結束？心想大概現場沒事了，就跟蔡主任報備一聲完工了，讓大家早一點回家休息。

隔日，誰知他大大地不高興，見人就發瘋式口不擇言繼續開罵不停。連蔡主任都搖頭嘆息，看不下去、聽不下去這傢伙的囂張狂妄，即時向邱祕書長報告詳情知悉狀況。但是，他一貫仗著許主席後台硬形勢比人強姿態，又有許家班美麗島派系撐腰任其作威作福行事，恃寵而驕日益喜形於色，日日橫行游走於中央黨部內我行我素。

道不同，不相共事，打從心底，看不起這種人，美麗島派系別想拿我一張支持票投您。

　　工作歷任三位主席（施、張、許），即不戀棧職務初衷，速速遠離黨務工作圈，不屑與這般無是非、又失序的派系飛舞於政治圈，忠實自己選擇回歸社會，盡情於公民監督角色。

　　上陳辭呈二次，一心求去無悔，邱祕書長批示：「極力慰留。」然心意已決，誰也留不住。謝謝邱祕書長的厚愛，對你抱歉。

　　二月中旬，帶著妻小三人去泰國度假五日，暢遊湄公河、桂河大橋等地景點；拋開曾經追逐的政治夢，夢醒歡喜急走人。

　　三年後，成為民主進步黨之失聯黨員迄今。

　　儘早認清自己潔癖個性，不適宜在政治圈是件好事，何況成就志業，不一定要在政治圈裡翻轉打滾。但是，公民會持續關心政治到生命的終點站為止。

　　什麼魚，吃什麼水；什麼水，飼什麼魚。換句話說，有什麼人民，就有什麼政府；有什麼政府，就有什麼人民。

　　民主政治選票，一人一票，不分好人與壞人，只要是公民（法定年齡），沒有被褫奪公權，都可以有公民投票權。

　　臺灣人民失落感特別深，選前人民是頭家，選後人民變豬頭。三秒鐘主人，四年凝心肝。

　　為什麼前後感受會落差那麼大，因為選出來的民意代表之表現常與自己所期待的差異很大！

　　空有「公民投票法」，是玩假的直接民權行使設計，就連「國家名稱與定位」是什麼？人民還是各自表述解讀，反而他國

人民直呼「臺灣」最為貼心與名副其實。

再說選舉時你不站出來用行動支持「好的」人選，或出錢出力參與助選方式表達自己的立場與想法，擅用民主選票決定執政的政黨與候選人的話，人民就會一起倒大楣過日子！

您有很多理由可以不去投票。但是，別人肯定會動員支持者去投票。

您不當一回事關心政治，別人會慎重其事支持其人選去投票，因為當今的選舉設計只要有人登記候選，不論同額競選或一群阿貓阿狗、非黑貓白狗都可行，都得選出法定的名額濫竽充數，最後一定要產生人選。

若一黨獨大，政府鐵定會失控，執政者更加傲慢不理你，這時您我絕對深受其害，沒有人可以置身事外當局外人，所以公民參與很重要，監督國會立法委員及政府部門不能手軟。

這麼多公民參與政治的看法，以及對於公共政策之瞭解，促使自己於二〇〇〇年就讀《國立空中大學》公共行政學系非常有幫助與收穫滿滿的。

第二篇 精彩的人生，夢想成真

指甲

指甲功

光滑平面、小洞口內

撿拾、取物、刮刮、針線、小字幕

拾硬幣、拉易開罐、薄膜封口

拔黏膠袋、掀PE袋、扯塑膠袋

掀薄紙、剝蝦殼、魚鰓、蛋殼、柚子

全打敗

多變人生，承擔責任

求知識，打掉重練與異國生活洗禮

一九九〇年十一月二日（星期五）下午，與同行伙伴姜凱銘（Kevin）搭機前往美國加州，中午抵達洛杉磯國際機場，語言中心派專人接機到ASUZA,Citrus校區。

住宿ASUZA阿蘇薩市美國家庭，開始接觸美國的生活、文化、教育、人文、飲食、無障礙環境等洗禮與衝擊。

第一次飛到美國，懷著興奮心情準備通關，走到大廳望見人龍排好長，又不見移動跡象，心想為何機場通關速度不能快一點？這到底怎麼回事？

引頸企盼等待通關，又無法即時聯絡問清狀況，一方接機的人在外面急的如熱鍋上的螞蟻，等出關後才知機場員工大罷工。

好不容易見到接機人（Davie）已近下午三點，隨即匆匆上車前往語言中心，車子急駛在高速公路上，第一次見識到夕陽西下美景，粉紅色的太陽大到不行，誤以為外國的太陽比較大！

這放大現象起因係當下地表濕氣上升因素，車窗玻璃材質放大效果加乘，形成夕陽又大又渾圓的景色，實在美呆了。

安排居住住宿家庭（Home Stay），位南加州阿蘇薩（ASUZA）美國人家，卡蘿・羅威（Carl Rowe）。太太是日本人Ritsuko，育有二女——Rita四歲與Amy一歲，之後再添一女。

卡蘿才華洋溢，會彈鋼琴，吹小喇叭，玩各式樂器，很會做家事，照顧小孩，專職是木匠，待人很和善；太太從事私塾教日本人英文工作。

中斷學程，十年不見，憾事發生，欲會面，信未到手，思念更深。

一九九九年間，他隨Citrus學校樂團應臺灣私校邀請交流，事先寫信給我，要我去臺北遠雄飯店會他。但是，這封信寄到舊家地址，購買我房子的主人，未及時來電告知有國際信件；一個月後，回去收取信件，知悉來臺表演行程，卡蘿盼望能見上一面，內心遺憾至今，盼望擇期再相會。

這對夫妻相當有愛心與耐性接待國際學生人上，第一天晚餐，因時差尚未調適過來，整個人心神仍然呈現昏昏欲睡狀態，同時住宿家庭早已進住國際學生三、四位之多，有來自日本、印尼、馬來西亞、伊朗等聯合國國籍來修讀語文準備入學的室友，整個住家非常熱鬧有趣，展現多元文化，學習差異文化。

語言，得先會聽，才能開口說。

一下子，與陌生人共餐，有點不自在起來，一時三刻，聽不懂來自各國的腔調語言，瞬間如鴨子聽雷般呆滯，聽不懂他人在說什麼？顯然我的高中英文能力已全部忘光光了，必須好好的重新學習溫故知新惡補一番。

Carl問：Do you want a pair of Chopsticks？Or Spoon？Or

Fork？他一對大大的眼珠子，用心專注注視著我，這副表情韻味永遠忘不了，他兩手各拿著筷子與湯匙在前方搖晃示意著，耐心的等待我回應取決，要我選取那一手？

　　一時愣住！待我回神過來，他快速地把筷了、湯匙、刀子、叉子四樣全部放在我桌前，任我取用各式餐具進行用餐，同時大家安靜看著我表情半晌，等我完全會意過來英文的意思，才小聲的說聲「謝謝」才消解用餐的尷尬氣氛。

　　環境很重要，語言要常說，地點與場合找時機閒聊，不怕說錯話，不怕被恥笑，勇敢地說出來，這個很重要。其實，不同的語言，雙方都知悉，要能說好，實在不容易。比手畫腳溝通表達是常態，加上肢體語言輔助，係國際場合上的常理。

　　國際學生初見「顏損燒傷」模樣，心裡在想什麼？沒有特別留意對方表情神色，或觀察其行為舉止變化；當下個人英語表達能力實在有限，一招半式套用國際通用標誌「微笑」以對，HELLO互相打招呼一聲，行禮如儀全面過關非難事。

　　有一天，英語不錯的馬來西亞同學Andy問起：你如何受傷？簡短的回答他：化學機器爆炸，燒傷。他眼睛頓時大大的發亮著，整張臉完全驚嚇狀！反射出一副不可思議的表情。

　　早餐自理飲食，想吃什麼就到儲藏室、冰箱內拿食物配料隨意吃，同時自備一份三明治，帶到學校當午餐；晚餐卡蘿親手料理，大家一起用餐，餐後閒聊（練習英文）問生活適應狀況，有無需要協助之處或特別採購個別物料之事。

　　煎牛排、烤火雞肉、豬排、日本菜、米飯、味噌湯、義大利餐一史巴結底、露渣泥亞、披薩等不同主食交替開伙，週間偶爾

會變化不同菜餚主食，不會有吃膩的現象，倘若吃膩了，自己下廚煮食，隨您方便無限制。

開車帶我去Wall Mark超市買東西，補充生活日用品，讓我見識到超級市場偌大空間與各式各樣的食物品項多元化、多樣性。

感恩節前夕，Carl's夫妻問：「可以做Taiwanese foods料理嗎？」我說好。但是，去那裡買食物配料？我提出需求協助採購。

免驚，開車逾三十分鐘外商店，找香港超市買魚肉（頭及皮已去除掉）、豆腐、味噌、蔥、雞肉、香菇等食材一應俱全，準備好下廚大顯身手一番。

問題來了！他們家廚房的刀具、鍋子、鏟子等可把我給難倒了。

菜刀又小，似水果刀大小，刀口鈍鈍的，非常不好使力；沒有砧板（直接用檯面）與菜刀可使用，如何將雞肉切成小塊，還要切成一片片的，一個頭，兩個大。

沒在怕，平時練就刀工，自然熟能生巧，一刀下去，游刃有餘，從皮下關節處，尋肌理紋路間，慢慢下刀切準沒錯。

使用電源火爐，非瓦斯爐烈火，要小火燒開到滾熱水，快速升溫到煮沸熱湯，很不容易。不習慣器具、火勢燃燒度，要準時完成菜餚，心情好急又無力，這下急驚風，遇到慢郎中。

感恩節，這一餐，真美味，山豬不知吃米糠！入境隨俗未變化，美食不合他口味，害得國際同學一方苦惱，喝不慣淡淡的雞肉香菇湯。

國際學生們挑魚肉或撈雞肉吃，味噌清湯、香菇雞湯，非西方人飲食所喜好的濃湯（糊狀），個個喝不習慣，留下一大鍋好湯頭帶回家，只有Carl's太太食髓知味，知道美味湯頭精華在湯裡，剩下一鍋汁液，我與她二人識貨不浪費，用力大吃好幾餐，始結束喝湯的日子。

　　Carl's夫妻待我很好，邀請我去他們教會（日本人）過耶誕節，當晚置身於節慶儀式中，心靈感受宗教的喜樂氣氛。

　　參加Carl's家族慶生會，巴西的哥哥與家人回美省親，特別舉辦一場生日派對，節目安排「糖果娃娃」活動，專門戲弄壽星的遊戲，聽說是來自南美洲祕魯傳統習俗的玩意兒，精彩又刺激很搞笑的整人遊戲。

　　「糖果娃娃」用紙條編織紮成包裹，形狀如嬰兒般大小娃娃，內部塞滿各式各樣的糖果填充滿腹內，再用繩索懸掛於室外空曠處，高度兼顧一旁人可以上下操控與四面八方擺盪流動的空間，如此戲耍壽星手持棍棒揮舞打娃娃遊樂。

　　活動開始前，先將壽星雙眼矇起來，交給棒子令其一旁等候，在準備揮舞前，主持人將「糖果娃娃」使勁搖晃起來，這來回擺盪搖晃的動向，玩耍者要瞬間又精準的打到「糖果娃娃」爆裂散落出禮物，可真是累！

　　一旁眾人吆喝助興，一方喊聲震天聲響，此起彼落正反訊息瞎扯指令，揮舞動作參雜干擾聲音四起，要打破紙紮娃娃，順手打下糖果，真是不容易。

　　南加州氣候終年晴朗如另類沙漠，豔陽、乾燥氣候、濕度低，隨時要喝水補充水分，初到者不適應乾燥氣候，常會出現鼻

腔流鼻血。

聽聞一年下雨期，累計不到三十天數。但是，早晚冷涼，尤其太陽西下時，溫度像溜滑梯般，溫差從二十二度上，下滑到十度很平常，家庭室內會啟動熱氣供應，不然還真是乾冷凍未條。

相較於全身疤痕，經常造成不規則皮膚龜裂，膚質表層一塊塊皮屑，片片潛伏不規則圖形，狀似如梯田般美妙散布出幾何圖形。

手指尖經常性硬化脫皮或龜裂出血，上下嘴唇週期性自行蛻皮，若不擦拭滋潤的護唇膏保護，鐵定難受又僵硬不舒服；直到二〇〇九年起導遊介紹使用日本北海道製藥性馬油才改善找到處方。

寄宿家庭不一樣的生活體驗，一般遊客無法感受西方真實生活模式，完全要自己用心融入現實環境，用心觀察異國文化差異在那裡，仔細體會美國人的居家生活模式，也許一時找不到或比對出差別。但是，冒險，守法，禮貌，為下一個人設想，人家可做到了。

數天後，思鄉病時起，整整三個月，持續想家不停歇，生活大挑戰，日日想，月月思，對己說話，為何而來，為何而戰。

學習淡化思鄉苦悶，努力適應在地生活，融入不同文化差異，轉換衝擊降至最低點，這心情很複雜，問挑戰不好受，如何面對、因應、克服等一連串拔河過程，都要自己想清楚或請同鄉同學協助很重要。

君自故鄉來，當知故鄉事。我來自臺灣，要成就自己事。

時時思索自己所為何來？問自己要花多久時間重讀語文？

何時能參加托福英文能力測試？每一次檢測能否取得更高分數過關？

重新修讀英文課程，每日主課五節，聽語、會話、閱讀、寫作、文法等為基本課程，學習適應新環境。為了趕上功課及學習進度，每天過著戰戰兢兢的日子。文法最讓我頭痛慌亂被老師叮嚀要加強練習，隨時在測試程度，觀察學習能力進度，適時換班或越級編班教學逼你上路。

不論春寒暑熱天候，每日騎單車上下學，一趟約二公里路程到達學校，這學生生活對我輕鬆又愜意，只是內心壓力很大，因為財力有限不能打持久戰術，日日樣樣生活費、學費等都要花錢支出。

也許是太久沒有當學生了，幾乎忘光以前在高中所學基礎，甚至在出國前還預做準備上課，特地參加短期英文會話班，要說進展仍舊有限，也好不到那兒去，只是讓自己有個目標切入下一場。

美國語言中心對於國際學生先採能力測試再分班，能力弱者就從基礎班開始上課，不意外心理有準備從頭來學，對於最弱勢的文法課程，曾被老師面談降級重修，好好的補強文法初級程度。

老師說：「文法程度不好，得再重修一堂」我接受老師意見。

原本以為能輕鬆以對讀書生活，期盼轉換環境舒緩壓力。但是，在臺灣留下的身心壓力警報不僅未解除，反而變本加厲屢出毛病！

為趕上功課進度及自我期許要求，原先胃絞痛、痙攣現象時起，加上三不五時思鄉病不歇，僅準備一張來回機票出國，並未打算隨時回國度假計畫，他鄉心情沉重又舉目無親，一個人疲乏時，就透過觀看電視節目訓練自己聽語能力，逼迫自己完全融入英文環境氛圍。

　　有緣千里來相會，在Citrus College校園內遇見來自臺灣的林玉忠（Hason）與他姨媽（Jennet）陪同報到，一眼就被認出來，還有林麗蘭（Christina）、張惠敏（Amanda）等不期而遇，以及移民留學生王信（Michael Wang）、林冰心（Peggy Lin）等人，給予打氣互相支持、噓寒問暖及幫忙翻譯。

　　在外靠朋友，生活上一些大小事，如銀行開戶，生病掛號，看醫生，都請好友協助、接送、照顧、串門子，噓寒問暖關照，備感溫暖於心。

　　見識美國地大物博，立國冒險精神（老鷹國徽），開放與融合文化並存，生活休閒育樂模式自由、豐富又多樣化。

　　除了學校安排戶外活動之外（洛杉磯環球影城，迪士尼樂園，魔術山樂園，洛杉磯天文館，博物館，洛杉磯露天會場），玩過加州洛杉磯市區，大湖山，胡佛水壩，倫敦大橋，優詩美地國家公園，露營地，沙加緬度，舊金山街道，金門大橋，漁人碼頭，荷蘭村，聖塔莫尼卡，好來塢影星大道，奧斯卡金像獎頒獎會場（歌林戲院），拉古納鎮海灘，聖地亞哥海洋世界，南加州美墨邊界蒂娃那市等地景點感受不同文化的差異性。

　　內華達州帝王谷國家公園，大峽谷，結晶隕石國家公園，印地安保留區，拉斯維加斯（City of Las Vegas），雷諾市

（Reno）；亞利桑那州鳳凰城（Phoenix），土桑（Tucson），比斯比鎮（Bisbee）銅礦開採區，沙漠等地景點特色，還有一些地名已忘記。

半年後，試探性參加托福測驗，每月都報名測試，一次比一次進步。

一九九一年暑假，起心動念決定離開加州華人地區以免英文沒進步，反而臺灣話更流利，轉校中南部亞利桑那州道格拉斯鎮（Dogulas），位於墨西哥邊界，科契士（Cochice）學院語文中心（學生宿舍）一學期語文。

一年內，托福測試到第三次，順利達標四百二十六分，按社區學院要求最低為四百二十分成績，既然通過托福考試，即刻申請加州格蘭岱爾社區學院（Glendale Community College）。

很高興收到入學文件，心情自然輕鬆起來，覺得渾身充滿活力！

一九九二年一月開學，開始修讀社會學課程，按計畫修讀學分，以及要求加強語文課程（不計入學分）計畫。

充實，文化衝擊體驗大熔爐

一九九一年耶誕節假期前（於二十日結束課程），興奮收拾行李整裝回加州，準備入學報到事，尋到學校不遠處，租下一間公寓式單身小房屋，落腳格蘭岱爾社區，隨即超市買一輛二十一速變速單車，作為上下學騎乘交通工具代步，自理三餐伙食，簡單過生活。

生活起居，自立生活；親自做餐，餐餐隨意；一人飽，全家飽。

社區環境漂亮又清靜，喜歡這裡的街道，綠樹成蔭乾淨涼爽，三米人行步道上種大樹，鋪設水泥硬鋪面平穩又筆直，步道鋪面寬度至少一五〇公分以上，餘兩側植草，外側一排樹，路緣街角設計扇形外開、粉刷防滑、斜坡面施工，另外家戶車庫門口通道與人行步道垂直交集處，設計斜坡拉至路面齊平，幾乎以零高差手法施工界面，這些在地無障礙環境，是個人計畫到國外優先想好好觀摩紀錄的部分。

經常看到小朋友在人行步道上玩滑板，家長也方便推嬰兒車上路或散步、競走運動都有，輪椅族方便行動遊走，來去自如無障礙。

平常社區很寧靜，房舍住宅基地至少退出路邊二十公尺以上劃為建築線，不覺得車輛噪音穿透會有吵雜干擾聲，除了三不五時的救護車、警車飛馳聲響之外，周遭全是安安靜靜的生活空間環境。

一早學校報到，國際學生輔導中心服務人員特地來找我問是否有協助的需求（身障服務），學校位在丘陵地上，有高低起伏不平的環境，對於坐輪椅行動不便者或需要個別助理（抄寫筆記、伴讀、陪伴等）的身障學生會派遣工讀生協助上下課、接送轉換教室服務，這些費用全由學校完全負擔，真是窩心到家，臺灣要迎頭趕上啊！

羨慕吧，美國人，一九九一年，一個學分美金五元；國際學生學費，一個學分美金一百零五元，身分天差地別，不平等待遇

重重槌心肝！

　　學習語文充實能力，置身於美國多元文化，見識到美國人的守法、冒險精神、生活方式與個人品味，以及對人的基本尊重與真誠接納，更體會設想周到的無障礙環境設施，帶給弱勢者便利性與人文風格值得學習仿傚。

　　看見這裡落實以人為本，追求法治紀律為先。

　　一九九一年十二月下旬，讀萬卷書，不如行萬里路。學期結束，離開亞利桑那州道格拉斯科契士學院前，與香港喬治同學及其女友（太太）三人租車自助旅行二週時間，一圓美國遊學夢之旅。

　　行程由喬治吳規劃好，首先搭乘轉機飛抵中部堪薩斯州（State of Kansas）市租車出發，中午順著70號高速公路往東前進，夜宿於聖路易（Saint Louis），是密蘇里州唯一的獨立市，也是該州第二大城市（第一大城市為堪薩斯城）之假日旅館過夜，遠遠地眺望美國建築名人堂建築物尖拱門橢圓形。

　　趕路經過印地安那州（State of Indiana）印地安那波里市（Indianapolis）；美國由西往東時區相差四小時，一路兼程趕路又累又困竟然錯過了一處出口交流道，一時折騰延誤一小時時間，又忘記推算跨州間時差區要調整，如此人車困頓暫且休息，午餐時分找速食店用餐。

　　馬有錯蹄，人有失算；一通來電問：「您們在那裡？怎麼還沒有看到人！」整整誤差遲到一小時！真是不好意思，讓他們久候等待。

　　築夢實現出國計畫參訪之一事項就是要去觀摩燒傷醫

療服務，啟程前往俄亥俄州（State of Ohio）辛辛那提市（Cincinnati）參訪兒童燒傷醫院，了解他們如何照顧燒燙傷兒童及醫療費用投入（教會贊助18歲以下完全免費醫療）情形，現場係由一位中國人接待導覽解說服務。

　　黃昏趕路到哥倫布市（Columbus）稍事用晚餐再行出發，夜晚出發走高速公路，外面正值大雪紛飛天昏地暗，路況全面積雪泥濘難行，首次開車夜行雪地上，心情可想而知，神經緊繃到極點，眼前一片白茫茫，看不到路肩邊緣界線，一時無法目測辨識路中央之雙排劃分線，內心深怕不熟雪地，輪胎滑溜怎麼辦，偶一不慎偏差駕駛，可能會出狀況，這就糟透了！

　　聰明跟車方法，就是不要當首車輛（牛頭）上路，最好緩慢跟著公路巡邏車（Patrol）隊軌跡行動最安全。這夜驚險不斷，雷治累到不行，凌晨換找接手駕駛，一夜向南跨越三州（西維吉尼亞州、維吉尼亞州、馬里蘭州）到天明，整個人又累又驚又喜，十點的天空，黑濛濛視線不佳，安全駛進維吉尼亞州（State of Virginia），如釋重負。

　　持續前進馬里蘭州（State of Maryland）華盛頓哥倫比亞特區（Washington DC），於中午後安頓好住宿旅館，即迫不及待瘋狂似的逛華府特區，散步參觀各家博物館、白宮、林肯紀念堂、越戰紀念碑、傑佛遜紀念館，環視眺望波多馬克河，體驗搭地下鐵，五角大廈、阿靈頓國家墓園等不同地方景色，這一趟一償圓夢宿願計畫。

　　百聞不如一見，一路讚嘆興奮不已，見識先進國家的不一樣。

驅車轉往北走路線，高速公路95號接巴爾的摩市（Baltimore），參訪賓夕法尼亞州（Commonwealth of Pennsylvania）費城（Philadelphia），古都歷史建築物，見識「自由鐘」與立國憲法文件展示，仔細瞧一瞧。

　　與喬治二人輪流負責開車，他女友（太太）專門讀取地圖標誌指引導航，如此分擔工作不致於行車人仰馬翻，一路走到夜晚時分，終於摸黑進入紐約，入宿紐約客汽車旅館。

　　漫遊曼哈頓上、中、下城區，佇足華爾街景點──銅牛，港區遙望自由女神像，尋訪世貿中心大樓（二〇〇〇・九一一撞毀）；喬治與其女友（太太）安排去觀賞《貓劇》，當年一張票價最低美金七十五元，想一想自己是窮學生消費不起，當時一元美金兌換臺幣值為二十六元匯率，消費還是很貴啊！

　　獨自一人自由行，輕鬆漫步百老匯街頭上、逛書店，找古典音樂CD片，殺底片（單眼相機）拍不完的景色，看形形色色不同人士騷首弄姿，見怪不怪只要您喜歡，展現大熔爐氣度與朝聖者穿梭於途。

　　紐約市區道路撞見「紐澤西護欄」專業功能設計（快速移動機具操作調整移位），此項交通安全物臺灣引進抄襲後，完全變了樣！

　　「紐澤西護欄」基本設計為水泥材料灌鑄成「凸」字斜線流型，常見於道路邊緣固定或臨時引導動線或擺放於道路中分隔線或兼具活動式安全防護，可任意設計分離道路方向，以及工地、工程圍堵措施用途，現行有改良塑膠製型，可以增減注入水或排放以利搬運。

最特殊之處在於灌鑄成凸字斜線流型，在兩側上方水平處設計凹槽溝，配合特製的大型工程車操作收放，工程車移動行進時一氣呵成，機具自動夾住凹槽溝提起，依路況需求隨著預定規劃動線放下。

　　上下班交通尖峰時刻，調撥車道有如積木般依序定位在位置上，工程車從「紐澤西護欄」上方走過準確的夾起收放動作，這項設計實在很厲害，不得不佩服設計者的巧思運用在繁忙的交通管制上。

　　一周後開始走回程由東往西，選擇偏北方的路線走，離開紐約客城走80號高速公路，路過克里夫蘭市（近伊利湖），再銜接71號高速公路會合哥倫布市後，接回原先之70號高速公路，平安順利返回亞利桑那州學校。

　　短短二周，一趟緊湊的旅程與學習探索之路，實地感受中部的蕭瑟景物環境，東部的繁榮開發與民情生活的差異，讓人印象深刻。

　　目睹法治生活體驗，佩服開車遇「STOP」標誌絕對停車再開的規定，看似不怎麼樣的交通規矩，卻讓人驚嘆駕駛人的堅持守法精神。

　　在沒有設計紅綠燈的道路上，路口會設有「停」的標誌，駕駛一定會停車再左右察看有無車輛，確認路上完全安全後再起步，直線優先先行，單線道左右方同時來車到達十字路口，左方車要讓右方車先行，或看誰先抵達路口停等線則取得優先行駛權，且一方一輛按著順序交錯行進，如此互相禮讓安全通行。

　　虛偽文化戕害一大部分人，看看號稱中國人的「華人世界」

自稱禮儀之邦，卻十足表現出「知易行難」、「攏是假」的虛偽作態模式，嘴巴隨便說說一肚子「壞水」，內心潛伏誰也不讓誰行為，眼見駕駛人經常搶先卡位在十字路口或黃色槽線區上！頓時大小車輛動彈不得喇叭聲四起，大家塞成一團又罵聲連連對幹景象！

冷眼看這些開車文化，握有公權力的警察若強力執法，勇於勸阻制止或直接開罰單重傷其荷包，讓他痛定思痛大失金錢才會怕！

政府落實法治社會手段很重要，不要一方立法，一面選擇性執法，製造「徒法不足於自行」問題，不落實執法則永遠無法建立秩序規範，一切個別行為勢必回到叢林法則世界，如達爾文說「適者生存，物競天擇，弱肉強食。」國家及社會就去了了。

美國男人很勤勞，擅長做家事，被訓練會做事，尤其會定期割除住家前後院雜草，反之；如果不整理可能會被鄰居告發等接罰單。

反觀咱們的居住環境，出了門口就黃金遍地，各式各樣排泄物都有！即使房子有庭院空間，常疏於照顧或定期整理；防火巷變成後院廚房空間、倉儲室，頂樓加蓋成違章建築，結構重量超載，地震搖晃又危險，毫無景觀環境品質可言，從高空看下來真是醜斃了。

再說養狗環境這檔事，美國政府規定飼主應具備相當養狗條件，要求住家庭院要圈圍起來，要有足夠狗兒活動空間，不得在外溜狗隨地大小便，禁止狗吠產生噪音擾鄰，溜狗要繫有頸圈套繩，佩戴安全口罩，避免任意咬傷他人或攻擊路人發生。

比較臺灣都會區公寓住宅，絕大部分缺乏足以飼養大犬空間條件，若有人飼養，常常造成樓上樓下、左右鄰居苦不堪言，生活共業造孽，大家一起受害。

　　要說這些人「愛之似寵物，棄之流浪犬」的原兇絕不為過！有些人自認為最有愛心，到處餵食流浪犬，唯恐這些狗兒會活活餓死？看來臺灣動物保護團體要強化立法監督機制，不然零撲殺問題是無解。

　　一九九四年十月，與中壢啟智李主任弟弟等三人　同去美國內布拉斯加州及芝加哥市參訪考察三一機構等庇護事業，借住於陳瑞苓老師府上數日，一早起來見她忙於打電話給市政府單位，要求將家門前的一棵老樹處理掉，這株樹已遭螞蟻窩侵襲相當嚴重，將會危及任何路人，影響社區公共安全與環境衛生。

　　半個鐘頭後，見工程車與人員整齊到達，指揮官當場確認後決定砍除，工作人員使用電鋸三兩下截斷樹幹，同時操作隨車配備樹幹破碎機，將大小不一的樹幹與枝條壓碎成木屑片，樹穴整理的乾乾淨淨，效率真是驚人，打心底一股佩服之心，市民納稅有價值及意義。

　　我問她：「你不能自行處理嗎？」

　　陳老師說：「不行。這是公共治理、公有物，編入政府財產紀錄，人民不得任意移除或破壞，必須通報後由專人處理。」

　　臺灣自家門口前如有種樹，不是被折磨死，就是被連夜拔除。因為門口有「木」表示「閒」人意境，不會有生意興隆意思。既信邪又如此歪理，公權力不張到這樣，難怪路樹會一夕消失不見。

在美國一年七個月，用心體會，用眼觀察，近身感受，旁觀分析，用相機紀錄，用幻燈片拍攝無障礙，寫文章投稿，參加亞裔人活動。

　　美國無障礙環境設施應有盡有，人行步道銜接路面非常講究，慣常以平整方格子水泥硬面及粉刷防滑施工處理，界面無落差銜接，如有一公分高低差，可能造成輪椅族路面障礙，各出入口以緩斜坡一比二十五以上斜坡率設計，真是貼心又安全。

　　道路，一般跨越道路或快速道路設計天橋以迴紋針式設計，斜坡道引道（一比十二），臺北市在石牌承德路七段上有一座天橋如似的設計。

　　校園無障礙建築物，各棟間貫穿連結形成網狀路面與教室銜接設計，對於行動不便者通行無阻到達各區域建築物或停車場，即使是丘陵地、台地等起伏地形環境，亦少有階梯式設計連接，如此讓輪椅者與視障者安全通行「無障礙」，融合設計讓一般搬運車也同樣便捷使用。

　　第一次，看見視障者來去自如，輪椅族到處遊走輪轉行無礙。

　　對人的關懷貼心與人文兼具表現。在室內餐廳或室外空間，至少會設計一張單邊有位子的餐桌，特別空出一邊留給輪椅者與一般人共桌使用。

　　另外，有一張餐桌，設計全無座椅式空位，讓輪椅族可以共同聚集；這位置常設於不影響動線（逃生）的出入口處，而且最接近拿取食物之處與臨近結帳的地方，一來方便人員進出與服務員快速接近，二者若遇上緊急事故時，人員可以快速地協助逃生

疏散動作。

看看臺灣，從北到南，城市到鄉村，山間、國家公園、森林遊樂區、風景區、海岸休閒親水區域、海灘，大小速食店、賣場、國際觀光旅館、一般觀光旅館、飯店、餐廳、娛樂場所、大樓、住宅等環境。

不知何時設計者才會貼心設計出對任何人「無障礙」的消費場所與有人文的無障礙生活環境，還有服務人員被教育訓練提供貼心服務行動不便的弱勢者，讓客人有感受絲絲的窩心溫暖，以客為尊，笑臉迎人。

再說運動場所，保齡球館備有二道球道，隨時提供輪椅族打球，充分享有生活休閒娛樂空間與運動健身場所；這設計說穿了一點也不難，即設計一個類似縮小板「溜滑梯」型樣的獨立架了，採用小鐵鋼材質物料計製成「滑落」架，放球台高度與輪椅扶手高，其滑道淨寬可容納保齡球體大小，約二十五到三十公分間。

練習或比賽，只要將架子擺放在輪椅者任何一邊就行，接著調整架子對準球道遠端的球瓶，輪椅者用手輕輕一推球體自然滑落，這時旁人開始窮緊張，邊看那球體滾動似有力亦無力般，又猜疑是否會滑行到遠端撞擊球瓶？猜猜看保齡球？命中率多少？

各位看官不用急，所謂「慢工出細活」、「以慢制快」絕對會全倒！除非您沒有精準對上撞擊點「黃金角度」面。

一九九二年春假，陪同初來乍到美國的歐陽台生好友，一起到加州聖塔莫尼卡海邊遊玩。正當二個人行走於海岸延伸觀景平台時，看見一位年約三十歲左右年輕人，他端坐在滑板上兀自

眺望著前方大海，一動也不動的編織美夢。當下畫面，震懾我的心，趕緊抓住鏡頭，按下不忍心的快門，留下這一幕至今仍叫我永世難忘的影像。

另外一次是雪季，與史桂蘭家人一起到南加州大熊湖山，我在滑雪用具店外觀賞雪景，注視著人來人往的遊客，忽地發現一隊家人中，一位單肢障礙者（青少年）正迎面過來，他穿戴整齊朝著滑雪場而來，我抓住相機蠢蠢欲動，深怕錯失機會。但是，按不下快門，心中既矛盾又衝突掙扎著，最後選擇放棄，因為我未徵得他同意任意拍攝。

人生得意樂在慢活，過有味道與品質生活，悠遊生命，精彩無憾。

再說室內或戶外表演場所如劇院或海洋館，最前面一、二排空間，一定是留給自備「輪椅」者專用；如聖地牙哥海洋公園、環球影城等遊樂區皆是，亦設有輪椅接駁專車；電影院業者安排劃位在中間位置給「輪椅」者，否則脊髓損傷者看完電影後不受「二度傷害」才怪！

大眾運輸方面，有低底盤加昇降機設施設備公車；有行動不便者專用停車位，一般車輛不會亂停（否則重罰），即使車子領有移動式掛牌標識，專用於家有行動不便者接送時使用，若當下非接送行動不便者也不會佔位停車。身障者駕駛的車輛掛有輪椅人像的牌照作為識別，其他駕駛人絕對會給予尊重，不會製造逼迫前車的危險行為。

有一次，語言課堂老師邀我簡短分享受傷的心情故事，並請同學寫心得回饋分享。又安排我與心理系學生面對面座談，這一

場，我當然得找同學陪同幫忙翻譯，不然就鴨子聽雷，因為英聽能力仍不足。

我問老師：美國是否有社區居民會抗議排擠身障者居住權事？她說：有。顯然地國際上已開發先進國家與落後地區，就身障者與非障礙者要「傷健一家」和諧生活，要「融合社區」確實非容易解決。

謹慎不蝕本，少看一眼標誌，花錢學到經驗。

有一天，與美廉及Angel三人開車到洛杉磯市立圖書館查資料，下午三點多，將車子停放在停車格線內，車位旁邊畫立著一支限時停車標牌，三人完全忽視它的存在，沒有特別留意文字內容及警告。

歡喜上樓找電腦資料，過一會兒，找了些許檔案要離開，發現車子已被開一張罰單夾放在車窗前，止納悶，二位英文好的美廉及Angel看見標牌上寫著「本路段逾越十六時禁止停車及罰金五十元美金」！

這下超過十分鐘，好一堂寶貴學習課。懊惱之餘，美廉堅持她去繳罰金，她自責說，她沒注意，她疏忽了；美廉太棒了。

日常，人有失策，馬有失蹄。人生，何嘗不是如此。

舊金山的街道更有意思，因為地形關係街道是忽高忽低起伏的地理樣貌，這道路面無三里平，成為三番市街景一大特色，遊客常慕名而來，州政府為預防路肩停車滑動（未拉手煞車），規定車輛凡是下坡向路邊停車，該車前輪胎就得向右打住卡在路肩上，反之；上坡向停車，車前輪要向左打住卡在路肩上，避免車輪後退下滑意外。

還有逆向停車在相對路邊停車位上，交通巡邏警察絕對會給你吃一張罰單繳國庫，因為實證鐵律一定是越線及逆向行駛進入停車位，這明顯違規不用罰單告誡您，您是不會遵守法令規定的。

　　臺灣這種現象司空見慣，駕駛人不以為意，警察大人不理會，不主動開單告發。真有違規被抓，當事人又找媒體亂報導，找政客操弄施壓亂說選民服務，再不然喊冤說政府在搶錢，真是賤，壞透了。

　　有道路交通管理規則，三線道路左側最內線快車道規定禁行機車，地面噴有「禁行機車」警告字樣。但是，機車族仍然我行我素，無視禁行機車規定，視若無睹穿梭於大小車間，隨意馳騁、橫行、蛇行、亂竄、飆車、肇事發生，交通警察不抓行進動態性違規者，有權利的執法者卻晾在室內泡茶？久而久之法之權威性不存在、無人守法，所以見警率與落實執法度不可少。

　　一般市區、郊區二線道路面（綜合路面），規定大小型車輛都可以行走的，奉勸各位機車用路人，好好的行車在所有權路面上，絕不要行駛在道路分界線上誤以為最安全（錯了），或有些許空間隨意亂竄行駛，反而容易被大小車欺身靠近或逼迫車或變成危險性擠壓致摔車。

　　臺灣按規定行駛在二線道上係屬綜合路面行車，所有大小車輛都可以行駛所有路線，若後面來車未保持距離是後面肇事者的事。至於腳踏車就走最外線慢車道就對，別再騎走不該走的地方如人行道、騎樓。

　　政府官員若要怪民眾不守法，先問您自己做了什麼？不要

只會逞口舌之能，用一根指頭指向別人，其實有三根指頭正指向自己。

出國觀光旅遊，您學到了什麼？看到了什麼？有何「改變」的力量？有何思想、行為、建言、具有正面意義，積極影響社會的事情？

他山之石，可以攻錯。

一九九二年初，洛杉磯機場外親眼目睹速食餐廳搶奪事，當晚與喬治在機場附近等待歐陽台生下機接人。眼見臺灣旅行團遊客在毫無妨備下，被一群青少年伺機進入餐廳內，隨意強奪食物，一掃而空，虛驚一場。

搶案就在一瞬間，當下一團十多人排隊買漢堡、飲料等食物，熱哄哄的無視店內其他客人用餐，隨興將食物、皮包及衣物等等隨身物品放在桌上，只留下一、二人幫忙看管，其餘人一溜煙似的衝向盥洗室急著去解放。

說時遲，那時快！門外突如其來一伙五、六個青少年衝進來，抓起東西往外跑出去！被這一幕隨機搶奪給嚇住了！怎會如此誇張行徑？

食髓知味，二分鐘內，又另一批人衝進來抓起東西往外跑！直呼不可思議！怎會如此囂張至極？驚魂未定之下，聽到外面交雜警笛鈴聲，從各方路線逼近、包抄過來，一舉將這干人等團團地圍將起來，不到三分鐘光景，警察到達現場，快速打擊犯罪份子。

店家為防範不良份子，在工作場所裝設緊急連線通報，只要觸動桌面下連線按鈕，勤區警力立即出動趕抵現場，以維治安維

護社會秩序。

不經一事，不長一智；洛杉磯市中心，讓人又愛又怕又想玩。

不喜歡儒家學說之鄉愿，鄉愿就是沒有是非、黑白、和稀泥；個人喜歡墨家辯才之術，法家韓非子，商鞅崇尚法治，收立竿見影之效力。

努力學習，求知上進提升法學素養與人文關懷是一輩子的事。

來美國一年後，《格蘭岱爾社區學院》第一學期，身體健康狀況偶爾出現異狀，顯示難以適應加州乾燥型氣候，檢視疤痕皮膚日日龜裂形似凍傷膚色，更嚴重的是患有外部痔瘡症狀，竟然月月不斷發生異常出血！連帶騎腳踏車時都在痛、坐立不寧，得懸空姿勢踩踏或忍痛磨擦患部，相當不舒服。

眼見此情況惡化又擦藥治療不見好轉，頓時擔憂莫名害怕起來，心想若是為了圓夢讀書取得學士而搞壞了身體，寧可先休息再觀察狀況是否繼續讀下去！不然小命不保，有何意義再走遠路。

幾經權衡得失利害關係，既以最小傷害、最大利益為考量，在期末前先行辦理休學手續，並向個別老師告知辭行，要休學回臺灣治療身體；歷史課老師（日裔）關心地問「您何不等考試完再走？」。

計畫趕不上變化，人生有得有失不強求，時時與自己對話，日日省察自己在做什麼，如果有失落未完成之志趣，就將遺憾還諸人地吧！

思鄉、思親人心情壓力未解，胃絞痛現象猶未舒緩，身子與精神負擔交逼，左思右量，如果為了學業文憑而傷害身體健康，寧願以身體為重，於是決定回國再說，要讀書還有機會與時間賽跑。

永不放棄，活水源源不絕。給自己機會，希望在前頭。

再拾書本，空大公共行政學系畢

馬克思言：「有實務無理論是盲目，有理論無實務是空洞」。

坐而言，不如起而行。心動不如行動，自我實現與充權賦能。

有一天，老婆問：「要不要報名讀空中大學課程？」

我說：正有此意。

又問：「甚麼時候開始？」

二○○一年九月，《國立空中大學》招生開始，擬定八年讀書計畫，正式報名正修生註冊唸書，以「公共行政學系」作為攻讀選課，按學校相關必修、選修及共同科目規定逐年修讀，規劃一學期至少三科九個學分為主，暑期一科二個學分為輔，拿過身障助學金四次（學年為計），有吃，擱有掠。

安排修課，考量廣播或電視播放時段，評量生活起居狀況與環境條件是否得宜；顧慮太久沒有正規修課，心裡總擔心能否跟上進度，年紀大了，對於要背的課業就顯得吃力，記憶力經常忘三忘四的。

忙得不可開交，太太同時讀夜間部大學；白天要忙工作；早晚接送小孩上下學；回家準備晚餐及陪小孩作息；例假日偶而參與外部活動；擔任社區大樓管理委員會主委職務（義務），空大臺北二中心學生代表公共事務等。

　　如何管理自己時間，定時收聽空大課程是個傷腦筋的問題。

　　選擇公共行政主因係長久以來在這個領域工作，以及個人興趣與能力所及，並且能與工作性質結合發揮己長。如今回頭審視，恰是忙中有序，自我管控得宜，自覺遊刃有餘，生活充實又有規律，步步為營，匍匐前進。

　　九十學年修「立法理論與實務」、「新聞學」、「勞工福利與保險」課，將理論印證實務工作上，倒是有趣。如「立法理論與實務」比對過去「社會倡議」身心障礙福利與權益的實務運作，覺得頗多相似之處，另外；立法院組織運作方式與組織結構及人員編制，有更多瞭解及供參之處，如各委員會功能及委員所參與委員會關連與權責劃分；面授老師是立法院議事處周主任（他認得我），講起立法院與立法委員的趣味性真是一針見血。

　　持之以恆；暑修選課，保持讀書溫度，增加科目與學分比例，選共同必修課「現代應用文」、「實用英文」、「中華民國憲法」，「勞資關係與爭議問題」、「組織行為」，這些科目用在工作上得心應手，有連結上實用效能與充實互補效果，譬如說，「現代應用文」用在行政管理公文書寫很實用，助益很大及印證實務經驗；還有社工科系相關之基礎學分二十學分。

　　再則如「勞資關係與爭議問題」對應於組織員工有關勞資管理事務，在法源上有清楚法律依據與權威說服力，可以實際擷取

所學用於工作中。

重拾書本之樂，是一種自我鞭策精進與提升能力，結合工作特性及關連性提升知能與專業品質，進而汲取涵養知識學理，為工作注入新能量。

一摸二顧，摸蜆兼洗褲子。

一面讀書，一面工作，雖辛苦，但自我實現，充實知識何樂不為。七年半，十五學期，按期程規劃前進，於二〇〇八年上學期結束，二〇〇九年，依大學法規定修得一二八學分申請「公共行政學系」畢業。

二〇一一年，申請碩士班甄試入學計畫，遺憾各大學社會工作研究所設限資格條件很嚴苛，譬如要求全校社工科系畢業排名成績前五十名內，如此想讀社會工作研究所是「空笑夢」，無法參加甄試機會，僅能報名參加一般考試管道入學。知道自己考試能量，只好打退堂鼓。罷了！罷了！

考試不是強項，要背書答高分不容易。退一步想，這甄試制度設計，要取得門檻讀將起來，只有有能力者去。無緣進入、不符制度，就拉倒。

做中學，學中做，知識就是力量，如何好好發揮運用在實務上才重要。

法律是生活，生活是法律，您不能不知道，常言道「法律不在保護好人或壞人；是在保護『懂』法律的人」。一言以蔽之，想逃，自己看著辦。

從實務與學理上落實權益。有一年，手上處理一件雇主僱用身障者獎勵案，按《身保（權）法》規定雇主僱用身障者超額

人力部分可獲得獎勵金。但是，臺北市政府勞工局卻違法扣抵該項獎勵金（一季約新臺幣一百二十餘萬元），並且濫用行政處分權，停止應給予資方的「合法權利」，很不服氣。

解讀本條文獎勵與獎助一字之差，二者要件不一樣，獎勵在於單位／人員達到規定、符合條件、對象資格，就可以依法提出申請，獲得法定的權益，行政核決權低。獎助則除了上述規定條件之外，會有名額限定、成績分數、排序評比等競爭性的嚴謹門檻設計，行政核決權高及主辦單位的裁量權強。

發動行政救濟權，就「行政組織與救濟法」課所學「救濟訴願」知識與陳執行長、郭常董宏榮（法律人）及同仁研商後共組四人小組，開始啟動「訴願計畫」與勞工局打行政救濟與訴願途徑，爭取資方應得權益。

近一年公文文書往返，啟動行政救濟、訴願程序作業、陳述意見審理庭等過程，最後結果獲得訴願會合議判決：原處分撤銷，主管機關應另作處分。一併清算總計要回新臺幣五百三十六萬一千八百四十元獎勵金，爭回法定權益不可隨意剝奪，抑制官方豈能不守法，濫用行政處分權之惡習。

民主國家政府部門公務人員自應依法行政，這是法律最基本的規定。人民權益受損，自當先行行政救濟訴願，也是法律給予的保障途徑。

鼓勵大家不要任意放棄權利，如一張公有停車場繳費單倘若不見了，被官方開罰單，可以提出訴願，只要您掰得出理由（如繳費單被風吹走了、沒看到在車窗前、不小心洗破了等），而且有三張配額的機會讓您好好的使用。

依法論述，據法力爭，最能落實法治社會。

老生常談：權益不會從天上掉下來；別讓自己的權利睡著了。

隨時學習、技能、專業及知識，有機會充實自己，人生一大樂事。

殘補式，畫大餅充饑

身心障礙者在實務上滋養、學習、成長、自我倡議與挑戰經驗是很棒的歷練機會。

過去身心障礙者常被有意或無意的誤解，常被視為異類、外星人、見不得人之人、社會邊緣人等人物對待，認為不吉祥或直接被歸因於祖宗缺德，宗教業障果報，長久以來被污名化，導致部分父母不願面對、接受或常把身心障礙者藏匿起來或鐵鍊枷鎖隔離於社會之外，過著暗無天日非人的待遇生活，這類悲劇報導時有所聞，也從未間斷，令人鼻酸、傷感、惋惜。

參與發起《陽光基金會》肇始，以一個身障者獻身，又是門外漢入行，初始不懂社會福利服務是什麼？然而懷著「我不入地獄，誰入地獄？」大膽進入社會工作領域，想必有過人膽識能量與興起當仁不讓湧現。

回首這股原動力與核心價值，純然基於「捨我其誰；當仁不讓」使命感發心投入，工作經驗有直接服務，間接服務等，遊說政策、立法、修法、社會倡議，爭取權益福利，代言宣導等社會運動歷程，且不計薪酬福利，從基層幹事、部分工時做起，全職

會務開疆闢土工作。

學習獨力，幫助自己、成長實現、改變態度、破除觀念，協助苦難的《陽光傷友》迎向陽光，認識社會工作與助人意義，咀嚼箇中滋味，喜怒哀樂自得其樂笑看人生。

俊良兄（伊甸基金會前執行長、陽光創會董事）以師徒之心引領教學，循循善誘指導我，把一個幾乎被傳統社會摧毀的心靈逐步釋放，從憤世嫉俗的心境拉拔出來，展現生命的韌性與強度，讓世人看見活力與毅力的表現。

現任《行無礙》協會辦公室主任乙職，推展無障礙體驗遊，輔具租賃，爬梯機上下樓服務，無障礙諮詢，倡議、勘查鄰里公園、無障礙議題，校園宣導、專案計畫等。

非營利組織與政黨工作是職涯滋養場所。歷任《財團法人伊甸社會福利基金會》，《臺北市社會福利聯盟》，《財團法人陽光社會福利基金會》，《民主進步黨中央黨部》社會發展部，《社團法人殘障聯盟》，《創世社會福利基金會》，《春陽協會》執行祕書及參與發起陽光基金會茶會暨記者會（聯合國殘障年）行動。

團體歷練不同經驗，如爭取陽光傷友應享有《殘福法》權益保障運動，歷經「八年抗戰」奮鬥血淚辛酸，學習政治生態運作，及與《殘障聯盟》團體的結盟始告完成修法，同時累積寶貴的社會運動能量。

關心行動不便者，傳承倡議知識給新生代接班人，參與籌備二〇一〇年「交通無障礙」遊行，翌年「下個百年沒有障礙」遊行，感動輪椅族及其他障別站出來，為人權、獨立生活、無礙環

境、身障提早退休、無礙體驗遊等議題持續發聲。

在NPO團體工作，見識政府部門官僚體系與層層節制，讓人頓足捶胸哀怨，觀察及欣喜私有企業（PO）快速活潑與風險管控經營術令人讚賞，認識非營利組織彈性、應變快速與活力服務，社會的急速變遷與高齡社會來臨問題等，刺激思索與不斷反省下一步，與教授一起探究議題，深入對話與檢視現況，發揮個人專攻「間接服務」事項。

從政治、社會、經濟、文化、環境看弱勢服務供需問題，從國家法令、政策、制度、人力、預算、執行、評估分析，探討公部門資源分配供需，如何與時並進公平照顧、公平對待所有人民。

當今身心障礙者面臨的處境及相關問題又如何不說您不知。

空有訂定相關法令政策美意，身心障礙者處境前景仍然艱困。

身障團體及倡議者譏諷不知牛肉在那裡？追問一九八一年到底有多少身心障礙者？官方與民間團體各有見解。今歷經二十餘次修法，有關身障權益福利、服務可有變好？各有話說與解讀，且不同地區、不同戶籍、不同對象認定標準等問題爭議四起！

不斷修法有如縫製衣服補釘，殘補式福利，看有吃無，乾瞪眼。

回顧殘福法初期值戒嚴年代，官方態度「自我感覺良好」，逼使人民再也無法忍受公僕消極不作為，催化有志之士與家庭、志工等群體上街頭抗議，爭取人權，倡議修法，保障權益，開啟臺灣身心障礙福利運動風氣，鼓動弱勢權益意識覺醒興起。

時勢推移期望母法有實質內涵，然不勝修法次數，顯示母法

不穩定性與弱勢人民期待變革之勢。

　　二〇〇九年，迎合世界潮流，臺灣簽署聯合國公約（臺灣非會員國，只有形式）──「公民與政治權利國際公約」及「經濟社會文化權利公約」，檢證過去因應公約態度真能施行於本土有待考驗？名稱再從「身心障礙者保護法」，進化提升修正為「身心障礙者權益保障法」，有賴官方真正落實與民間非營利組織及身障者一起參與監督。

　　過去持有身心障礙手冊（改為證明）者享有福利全拿年代將過去。

　　二〇一二年，代之而起是依據身障者個別化、適切性評估依需求提供服務使用者系統。面對官方版與民間團體對話設計「國際健康功能與身心障礙分類系統」（International classification of functioning, disability and health, ICF）是否會水土不服，或甚至於夭折停擺，尚待時間的考驗。

　　福利資源分配與服務輸送，面臨身心障礙者及親屬（照顧者）等挑戰及要求，衝擊第一線專業人員服務關係，因為變革總是有陣痛，陣痛就會有抗拒，抗拒就有不滿情緒，為權益提出申訴。

　　如何因應制度的變革變局值得關注，人人有責，絕非政府、團體、機構、學者、專家、各專業者、治療師、服務使用者等自我觀點定於一尊！誰說了算？

　　看有，吃無，乾瞪眼；社會救助如何劃下一道貧窮線？

　　從救助制度虛實考驗人性親情與世代厚薄，要福利或津貼必須依〈社會救助法〉資產審查、經濟條件，將祖宗遺產及父母兄弟姊妹一干人等不動產、動產、現金、股票等財產盤點清算，幾

近赤裸裸、無尊嚴的盤查資產。

　　申請中低收入戶身心障礙生活津貼，區區三千元或更多生活補助項目，必須面對家族分戶衝撞親情切割，兼顧溫飽、冷暖交錯，如何設獨立戶籍，如何獨立生活，如何申報年度綜合所得稅，如何與社工面談需求。

　　殘補式福利如民間俗話說的透徹：吊肉，摔死貓。意即在高空或天花板上吊一塊肥肉、鮮魚當誘餌，貓兒用盡跳躍能力吃不到食物，最後被活活摔死的處境，突顯嚴苛制度，讓經濟弱勢者更加不堪、活不下去！

　　執政者從來沒有準備好，高齡社會行動不便者生活處處有障礙。

　　不見願景，核心價值，執政完全沒有準備好！以無障礙生活環境空間為例，國人的居住住宅障礙正面臨嚴厲挑戰。

　　醫療進步及健康飲食，讓歲月向高齡延續，相對身體隨著老化、退化、僵化等衰弱情勢，任誰也逃不掉「總有一天會等到您」，住宅沒有電梯設施設備垂直障礙怎麼辦？

　　建築技術規則建築設計施工編第一二節昇降設備──昇降機之設置依左列規定：一、六層以上之建築物，至少應設置一座以上之昇降機（電梯）通達避難層。換句話說，五樓以下不用裝設電梯設施設備，行動障礙者怎麼辦？

　　千金難買早知道，何以致之？規則指導誤人，設計者依規則設計，業主不想花錢裝置昇降機，一方面考量建築成本，日後又要保養維護，經打細算下選擇能省則省，那知會是受困者。

住六樓以上也不用歡喜；若該大樓梯間出入口有階梯障礙（基地加高一公尺，約五個階級，每階20㎝設計）又無法改善（出入口縱深度不足做1比12的斜坡道；最好的坡度是1比20或25以上為佳），對於輪椅族、無法移位者將面臨有家歸不得及出門之苦！

　　身心障礙者權益保障法（西元2015年02月04日）第57條：

　　　　新建公共建築物及活動場所，應規劃設置便於各類身心障礙者行動與使用之設施及設備。未符合規定者，不得核發建築執照或對外開放使用。

　　　　公共建築物及活動場所應至少於其室外通路、避難層坡道及扶手、避難層出入口、室內出入口、室內通路走廊、樓梯、升降設備、哺（集）乳室、廁所盥洗室、浴室、輪椅觀眾席位周邊、停車場等其他必要處設置無障礙設備及設施。其項目與規格，由中央目的事業主管機關於其相關法令定之。

　　　　公共建築物及活動場所之無障礙設備及設施不符合前項規定者，各級目的事業主管機關應令其所有權人或管理機關負責人改善。但因軍事管制、古蹟維護、自然環境因素、建築物構造或設備限制等特殊情形，設置無障礙設備及設施確有困難者，得由所有權人或管理機關負責人提具替代改善計畫，申報各級目的事業主管機關核定，並核定改善期限。

各方建設趕不上環境障礙處境，政府與民間未能痛定思痛，全面建設無障礙生活環境，造成行動不便者出不了門，上不了街，生活被侷限於住宅角落，更無法落實〈身權法〉第52條第一項第一款「文化、休閒活動」精神。

　　第52條各級及各目的事業主管機關應辦理下列服務，以協助身心障礙者參與社會：

　　一、休閒及文化活動。

　　二、體育活動。

　　三、公共資訊無障礙。

　　四、公平之政治參與。

　　五、法律諮詢及協助。

　　六、無障礙環境。

　　七、輔助科技設備及服務。

　　八、社會宣導及社會教育。

　　九、其他有關身心障礙者社會參與之服務。

　　前項服務措施屬付費使用者，應予以減免費用。

　　第一項第三款所稱公共資訊無障礙，係指應對利用網路、電信、廣播、電視等設施者，提供視、聽、語等功能障礙國民無障礙閱讀、觀看、轉接或傳送等輔助、補助措施。

　　前項輔助及補助措施之內容、實施方式及管理規範等事項，由各中央目的事業主管機關定之。

　　第一項除第三款之服務措施，中央主管機關及中央各目的事

業主管機關，應就其內容及實施方式制定實施計畫。

　　大眾運輸工具低底盤公車數量不足及路線不普及於臺灣城鄉（差距）、村落、社區，復康巴士仍然供不應求，搭乘條件限制一堆，無法讓身心障礙者可以積極社會參與，即使以半價優待方式鼓勵行動不便者出門，給予出入公立風景區免費（優惠）也意興懶珊無濟於事，又屢見業者不願配合或合理對待積極改善。

　　其實真正應該要求政府展現魄力去除公有及私有建築物、住宅、學校、公共場所、觀光旅館、餐廳、景點、風景區、道路、人行道、騎樓、社區鄰里公園等等物理環境障礙處，做到〈全面無障礙〉讓行動不便者自在出入，回歸社會參與，融入社會，達成「傷健一家」，是正本清源之道。

　　從身心障礙社會工作看潛藏的問題。

　　上述情境由來已久，身為一個工作者經常扮演倡議政策制度角色。但是，也常覺得力有未逮之處，或無端成為加害的始作俑者。以自身經驗及倡議過程看到身心障礙社會工作服務的問題：

　　發現社會工作者以機構、團體聲音為量，忽略身心障礙者獨立自主。

　　社會工作者在進入職場工作服務時，常受機構經營理念、方針、任務與資源的取得多寡所影響，提供服務品質、供需能量，以「庇護工場」非競爭型事業為例，資方（管理者）在衡量薪資報酬、營業所得（非營利所得）、福利、退休金給予（提撥）常見兩難情勢，意即工作者要與資方站在同一陣線上衡量資源呢？還是要維護勞基法保障勞方（服務使用者）的法令權益為先。

　　面對最弱勢又無法自已充分表示意見為意見的個案如腦痲、

罕病、心智、自閉、精神障礙者（其他障礙對象也不見得敢言爭取自己權益），常輕忽服務使用者利益作為最大考量，忽視身心障礙者的獨立意見，似有違專業、倫理與道德之情事屢見不鮮。

社會工作者因循政府訂定法令措施，忽視使用者意見、想法退守一旁。

政府邀民間團體工作者訂定母法、施行細則（子法）、規定、辦法等制度，聽取人民聲音是民主國家政治常態，然社會工作者常側身為政府施行社會福利資源的研擬、議定者角色，觀察發現部分特定對象或學者依循執政的政黨政治考量與資源分配預算做思維定位（如獨厚軍公教榮民警消等特定對象福利及照顧政策），實然為政府（政黨）幫腔作態，完全不顧弱勢者的人口、需求（如補助條件、資產調查、津貼的正義、公平性），忽視底層及使用者意見、想法，配合官僚恩庇、政黨意識型態相伴，難怪服務使用者對於社會工作者沒有信心。

官字兩個口，隨他們怎麼說；法律千萬條，要用自己喬！相看兩討厭，無法建立關係，民怨四起又無解。

觀察發現社會工作者欠缺爭取權益能量膽識與反思倡議動力。

社會工作者在知識學習養成時期欠缺實務相關教學設計與驗證機會，又在職服務過程中不見得人人有機會參與倡議議題與負責該事務，對於相關法令又一知半解！甚至於不知法源來處？如與勞工（職業災害或普通傷害）有關係之勞工保險條例失能給付與職業災害保護法相關子法、辦法與津貼給付範疇、差異與條件為如何？社工員不知？督導不知？主管不知？

如此無知法令、資源，卻要為服務使用者設計個管計畫！加上個案不熟社會資源，或個人因素自我封閉，或個案家庭關係與事件問題複雜、衝突，導致在第一時間錯失法定權益爭取及陷入困局。

直接服務者缺乏宏觀面，對於倡議政策少關心，願從事倡議者稀。

早期學校沒教的事，課堂上沒得學習，倡議工作成為學者、社會工作最冷門的事，常受限於沒有實際的案例教學、討論、對話、辯證，必需從NGO、NPO實務工作者、專家、學者或文獻中獲取相關資訊（時過境遷或非本土化）、案例，進而研發相關議題，提出政策建議。

個案、團體、社區、倡議不可偏！直接服務工作者一旦缺乏鉅視、宏觀觀點，只顧解決個別個人問題或結案算考績思維，面對各式法案又不涉入了解內容或就政策、社會、立法倡議等欠缺反思產出相對應對策，則後續倡議即無策略、步調、作法、整合議題、連結資源、對話批判與變革。

個人認為「倡議沒有專家，也少有教倡議的書，只有實踐者不斷投入，不斷發掘，不斷思考，敏銳觀察，與身同感受的社會工作者，就是倡議專家。」；換句話說，倡議皆由實務累積磨練出來。從工作中累積經驗，驗證政策、制度差異，透過倡議、滾動式檢視計畫，修訂相關法令、辦法、要點等手段作為改進。

對身心障礙社會工作的期許——追求無障礙生活環境。

尊重服務使用者自我決定，賦權學習充實能量，公平對待、人人生而平等，都是社會工作的基礎與精神所在。沒有身障者的

參與，請不要為我們作決策。如何讓身心障礙者有社會參與的機會，尚待有志之士齊心努力以赴，面對身心障礙者走向獨立自主生活的潮流也許不見得人人（視障別差異）能實現，就如北極星遙不可及也要有標竿自許，這也是直接或間接服務工作者與服務使用者共同追逐的理念、價值，獻身自己作為代言（弱勢力量）角色，非找所謂的名人化身同聲相應，同氣相求，或心術不正，尚待檢驗的各路人馬充斥幫腔作態。

自詡從事身心障礙直接與間接服務先鋒拓荒者，了解社工領域越多，越覺得孤獨力量成就不了眾家之事，必須結合各方有志之士一起上戰場，又第一線工作者理當擔當催化者與支持者角色，激發身心障礙者自我對話、自我決策、自我倡權、自身參與，自我實現，衝破社福假面，還障礙者公道。

換言之，身為倡權工作者從尊重身心障礙者人權開始，不要視弱勢者是沒有力量的人，反之要擅用弱勢者的力量，視障礙者人人有力量，即使是微薄的聲音也不應妄自菲薄，從這個角度出發，隨時省思自我的態度與能量，互相欣賞與支持建構生活無障礙，朝向全人的人文環境，與身心障礙者共舞相伴，作為結盟夥伴關係，共同邁向有價值、有願景的行動者。

也許當下無法改變僵固的體制，難以憾動官僚制度機器且莫悲傷。樂觀看待發展，公民參與已逐漸形成風潮，何況事在人為，一步一腳印，勇敢向前行，為追逐理想與實現目標，絕不輕言退下隱身與放棄所堅持的願景。

生活有愛，有愛未必能解放礙，因為人人心中有不一樣的障礙。

分享，接納生命多重樂章

織夢、逐夢是一種享受，是追逐希望、自我實現的開始。

精彩人生分享生命過程，總會遇見不一樣的回饋。

二○一一年六月，應文向基金會邀請到臺南市南寧高中、國中部一、二年級同學演講「閱讀生命」活動，交流時會場氣氛熱絡，一位女同學即興回饋清唱一首歌：〈真實的色彩〉（True Colors），原唱：辛蒂露波（Cyndi Lauper）；當下場景讓我好生感動，既驚又喜她的善解人意，久久難以忘懷這首〈真實的色彩〉（True Colors）。

網路摘錄這首歌，聽這首歌，眼框濕潤，情緒上心頭，……

你帶著悲傷的眼神

You with the sad eyes

叮嚀你不要沮喪

Don't be discouraged

我明白

Oh I realize

在競爭的俗世中要鼓起勇氣面對挑戰並不容易

It's hard to take courage In a world full of people

你可能會在人海中迷失自我

You can lose sight of it all

你心中的陰霾

And the darkness inside you

也許是使你自覺渺小的原因

Can make you feel so small

但是，我要告訴你我看見你那閃亮耀眼的本色從你身上散發出來

But I see your true colors shining through

喜歡隨興表演、即興傳唱感覺，喜歡與年輕學子探索生命，看見清明的未來。

花落芬芳，蝴蝶自來；人若精彩，天自安排。

出世，入世，忘我，放空世俗枷鎖，以出世精神，做入世工作。

我思；能做什麼？我故；只要站出來！

二〇〇八年起，到二〇一五年間，一直與文向教育基金會到臺東、花蓮、臺北、新北、彰化、雲林、臺南、澎湖離島等地國小、國中分享生命教育，閱讀生命，用生命影響生命，希望讓更多學子看見自己之美，探索生命的意義。

您知道眼瞼有何功能嗎？它的功能可大了，可以防風沙直接吹入，異物入侵眼球，避免眼珠乾涸，淚水外溢，導致眼睛失明看不見。

再說一個，眉毛有何功能？除了美觀之外，它可發揮遮攔汗水直接灌注眼睛的最後一道防線，將汗水（又鹹又刺激）引流導向兩側的衛兵。

一面付出，一面學習；一面充實，一面計畫，一面實現。

沒事做的人想太多，有事做的人想不多，忙碌的人卻沒空想。

　　不喜歡陌生人的好奇與追問受傷情節。當陌生人不留情面詰問，會立即翻臉喝叱制止無禮的行為。但是，在生命教育活動分享時卻又滔滔不絕。

　　坦白說如果沒有他人的表情相視或當下多嘴探詢舉止侵擾追問，其實早已掙脫傳統的束縛與釋放自己的心靈，轉化出形象枷鎖與有形桎梏；換言之，若當下以平常心相待，反而很輕鬆自在，絕不會有任何的一絲絲壓力困擾。

　　倘若他人（不管大人或小孩發現）有不正常反應，或互為驚動（通常是毫無心理準備），或眼下回眸相視，或源自於江湖慣性的偷瞄行為，就會不自在起來，就會坐立難安，一如會對於不禮貌的人發出怒吼大叫「看什麼看！」制止

　　即時回應，築起自我防衛機轉，壓抑、不理會對方挑逗、干擾、雜唸為上。

　　學習找回自信兼蓄積能量武裝自己，時時面對身心靈被世俗衝擊，要自我調適內心掙扎與轉化心情，面對是我的社會修鍊課程。

　　受傷後一段時間，曾有「反社會心理」深埋心底，最明顯處為對人不接觸、不信任、不交友、自我封閉，完全生活在自己的世界裡與世隔離。但是，投入工作後，漸漸地被世俗化、社會化所融合、被療癒好心情，真實回映世間人的進步演化、關心，另一方面反擊那些無俚頭的白目行為。

　　土法煉鋼不恥請問，或聽取別人怎麼說，在職場上，練就一

身武藝與文攻技法，在學習上，以海綿般功力用心汲取養分及分解糧食，希望做一行，像一行。

做對的事，要求自己很高，抱著既來之，則安之，用心力工作。

一轉眼間，數年過去，有例行性事工，有專案計畫，各自精彩萬分，除非是「搵醬油心態」行事，否則可以比擬氣壯山河、力擋五嶽山川。

自己的權益，自己爭取，理所當然。挑戰威權，言人不言，講人不敢言，就事論事，火力四射，鶴立雞群自詡；相信社會具有能力者，不應該被埋藏起來，總有一天會被發現，被肯定其能力。

出席官方會議發表意見、代言需求是不可或缺角色，深覺自己責任重大，決不能畏首畏尾，反而要逆向思考處處小心，不然就會掉入對方邏輯或圈套之中。

發表看法，語不驚人，死不休。非把真實問題逼出來不可，請教社會司長蔡漢賢；當時為什麼沒有把「顏面傷殘者」納入法條？

他說：「以前沒看過、見過。」「儘快來修法」。

這一「儘快來修法」等八年！等到天荒地老。

「官」字，兩張口（嘴），正反兩面全由它，他就是最會睛掰的人！他可以從古代有社會救濟事談到現代社會福利政策演變史，可以拉扯上孔夫子禮運大同篇，漫談社會救助歷史淵源！真是口若懸河，滔滔不絕。

不懂就要求官方說明，要獲得答案或解決之道；經常炮火猛

烈，讓主管機關承辦者頭痛、窮於回應。但是，得罪不少人。至於得罪了那些人？人講：「視障者吃湯圓；心裡有數。」

心裡篤定，政府做好是應該，做不好下台是常態；官方要扮演好角色，心理就要有本事承受風險及壓力。

有一次，身障團體成員集結內政部社會司（現為臺大綜合大樓）抗議活動，吳董事長一早打電話到辦公室問：「明里昨天怎麼回事去抗議？」。

我說：「不在現場，出差去南部。」

「那《陽光》有誰去啊？」

「我來了解，誰去現場，再回報董事長。」

董事長很照顧我。他會先打電話了解事情原由。

衝！不衝！如何平衡，有時候還真是為難！戒嚴時期上街頭搞社會運動，真要有骨氣及豁出去的心理準備，否則裡外不是人，吃力不討好。

社會心理學說「搭便車心態」是個人不用努力，讓別人去打拼，個體也會享有的心態，只要別人有，自己也會有的意思。換句話說，倘若這個社會上「搭便車心態」居多、「貪小便宜的人」盛行，並且成為一股社會常民生活文化氣息，那鐵定完蛋！不僅國家不會進步，最後只有墮落、任人宰制的生存環境。

不想成為「割稻尾」者心態，所以要自己努力；堅持核心價值，為人處世原則不鄉愿，為公義該當表示的意見還是要說明白。

會議上以堅定立場表達意見，引據法理講述條文佐證，直接切入問題核心，問個明白或陳述意見看法，否則就別出席浪

費時間。

人怕出名，豬怕肥。媒體威力大，受寵若驚；有些人不明內情，看到我，常誤以為是負責人，或以理事長相稱，真是抬舉了。

懂人性度量表，個性決定氣度，氣度決定高度，性格決定命運。

過去心直口快，藏不住話。但是，現在必須學習「逢人且說三分話，未可將心一片拋」之為人哲學。換句話說，見人，說人話；見鬼，說鬼話。

看見弱勢，為誰而戰

常言道：誰執政，「弱勢族群」就跟誰！

照顧弱勢族群是政府的責任，責無旁貸，是文明指標。

聽起來似乎有點味道。然，個人認為要看誰（黨）執政？

涉水愈深，愈知水性，愈知人性。常民要關心政治，尤其公共政策。

踏入身心障礙服務這一行，就熱衷於政策、立法、修法倡議等工作，相對開啟我對於政治的興趣及認識政治的運作，啟發我深入了解及關心與參與政治。

然政治是什麼？

翻閱高中三民主義：政治，「政」是管理眾人之事，「治」是治理國家大事。簡潔有力，一語道破。

要做事前，會先從小處開始，一直想到大處；再從大處，回

想到小事。如此輪迴推敲、確認環節可行；換句話說，想清楚再做，不後悔。

為自己的願景展開行動，經驗告訴我有些事情不能等到萬事俱備再行動，冒一點風險追逐人生夢想是值得的，讀書就是要花錢，花錢投資自己提升能力與視野是應然的道路。不是嗎？

一等人，創造機會；二等人，抓住機會；三等人，等待機會；四等人，流逝機會；五等人，咒罵機會。

面對這麼多的困難當前，冷靜以對，逐一排除障礙，並且以健康為重。如何充實豐富生命是一生追求的功課，身體力行實踐開路，接觸不一樣國度，將所見所聞帶回工作上。

一九九〇年，《全景工作室》同時間進行製作《追尋陽光的人》紀錄片（上、下輯）已跟拍半年多。錄製工作小組及吳乙峰導播跟著我（主角）工作狀況及「陽光俱樂部」活動，隨時出機記錄生活一起到處跑。

有一天，專程開車回屏東故鄉，拍攝與媽媽、大哥居家生活，訪問高中蔡榮俊同學，談高雄大社學作木工、雜工兼具復健的片段記錄。

有一次，出外景清晨四點到士林家，一早準備到陽明山下紗帽橋，拍攝曾經租屋（三年半）住在這裡泡溫泉及走路復健生活的回顧畫面。

一九九〇年十一月二日出國，一路紀錄跟拍到機場出境畫面，媽媽、大哥、大姊、二姊、二哥等全家人，第一次完整入鏡及送機辭行，還有一群十位好友的送別。

心中翻攪．五味雜陳，眼珠子不聽使喚與控制情緒，一時留

下興奮與傷感交織的熱烈。有道是男兒眼淚不輕彈，只是未到傷感時。

生活、工作蠟燭多頭燒，要進行勘查「陽光洗車中心場地」籌備案，處理臺中「鈜光爆炸案」個案服務，籌備「陽光重建中心」募款計畫及記者會，準備提供給「火中歸來」的災難戰士後續專業復健場所等事情忙得不可開交。

找尋「陽光重建中心」房屋，好不容易在木柵找到房子，又遭遇鄰居集結「請不要在我家後院」抗議，他們在門口丟垃圾洩憤，對外表示不歡迎傷殘者，又拒絕傷友過來當鄰居。

萬般無奈世間人，應證「願意捐款」給弱勢者，請「不要靠近我」之病態社會心理學，當成「鄰避設施」對待與矛盾衝突糾葛在一起，若以對方立場或許可以理解、同理為何會如此。

無法釋懷眼下發生的事，這般人嘴上說愛心，內心卻藏匿著抗拒元素，表明不要在我家後院設垃圾場，如此交錯心情昭然若揭，了解大樓內住著不少號稱是知識份子人士及K黨黨棍從中催化一起興風作浪行為！心情愈發沉重，悶到谷底。

這個社會生病了！是個病態社會絕不為過。無語問蒼天，要去國外找尋答案，看看外面的世界及烏鴉是否一般黑。

這些人的行為實際上違反了「身心障礙者權益保障法」第十六條第一項：身心障礙者之人格及合法權益，應受尊重及保障，對其接受教育、應考、進用、就業、居住、遷徙、醫療等權益，不得有歧視之對待。

偉大的城市蘊藏著無情的人民；無情的人民也有散發友愛的溫馨。

《陽光》擇期召開座談會，回應社會人的憂慮與擔心，疑惑房地產下跌、小孩會嚇著了、會害怕攻擊行為、會如何又如何等等「莫須有」罪名，一刀插入傷友身上，抗議者以「想當然耳」之姿，非事實前提下加以假設心態進行「未審先判」推理行為，實在是不可取，亦過度渲染傷者（障礙者）之不堪。

　　若以今驗證以上假設事，可曾發生了？其實什麼多沒有發生；反而是《陽光》努力敦親睦鄰積極參與承辦社區圖書事務，促進住民了解與認知燒傷者的處境，建立正確的對等關係與互動態度，邀請鄰居共同參與設計相關活動，成為最好的助力與雙方學習的機會。

　　身經百戰，不會退縮。

　　忙著要交接，忙著要傳承，忙到暈頭轉向，忙得不可開交的生活。

　　社會快速改變，面對不一樣的身障者，臺灣人接納度在提升。

　　有一次，搭捷運出差，從關渡到臺北車站，感動、窩心社會在改變，個人長期推動社會接納身障者，總算看見些許成果回饋。

　　一車廂，要幸福。

　　某日下午三點，離家出門，徒步走到捷運關渡站，當下全身滿頭大汗、又揹負行旅背包直衝上車，一位年輕人見我站立在「博愛座」前面，他即飛身過來示意請我過去坐一般位置上，一面謝謝他的好意，並且示意他趕緊回座，他硬是不肯回座位上。

　　堅持下決！「博愛座」上的人已下車，我趨近入坐「博愛

座」，空下來的位置給下一站上來的長者入座，正好兩全其美化下句點。

喘息片刻間，愛心在燃燒，鄰座一位年輕小姐，從包包拿出紙巾遞給我擦拭汗水，趕忙示意致謝她，快速地從自己的行旅內掏出自備的小包紙巾擦拭，這一幕旅客互動關心，又讓我親身感受到臺北在改變，人與人間不再以表相對人相待，我的座位旁不再留有空位置的無限想像。

一九八〇年代，常人撞見我表相，勢必受到驚嚇，小鹿亂撞，驚聲四起，伴隨窺視，冷漠表情，回眸相視，各自了然於胸，一副相安無事狀，其實內心忖度暗潮洶湧不平，深怕我是個壞人樣。

數十年後，大環境在改變，從主動讓位與遞送紙巾行為，確實讓人溫暖、感動在心，說什麼廉價的愛心都不如這一幕真實。

二〇一一年十一月某天，何宗勳邀我到他開課的《公益事業專班》與高中同學分享，上課前在一家很《驚悚》餐廳用餐。宗勳說：「第一次，相識於法務部倡議『乾淨選舉救臺灣』時碰面嚇到他」。

宗勳再問「燒傷死裡逃生之後，從事三十餘年NPO最大感想是什麼？」。我說：就顏面傷殘「反歧視」、「被排斥」，有些許進步，但仍然很慢，又急不來，各位不去收驚，就很欣慰了。

漫長數個十年，以十年為期驗證，觀察臺灣人權進步，有待努力提升。

首十年，病態社會，有些人遇見我，站立遠遠的，不敢靠近身邊一步，不敢一起共桌用餐進食，不敢搭車共座席位，深怕有

突襲行為發生，擔憂會傳染疾病似的情勢。

　　就身障對象如植物人、罕見疾病者、精神障礙等有太多、太多負面的認知、悲情傳染訊息、恐怖報導個案等影響人際互動關係現象。換句話說，一般人對於身障者的身心認知是非健康的，疾病型的，情緒不穩的，攻擊性的，必須長期依賴藥物治療控制的，其實僅只部分障礙者需要藉助藥物治療或控制病情而已。

　　次十年，開始有意試著接近、了解。但是，還是無法完全接納。

　　二○○○年後，政黨輪替，身障者及家屬站出來，加上《身權法》修法變革與團體倡議持續努力以赴，一方面政府積極搭起橋樑，鼓勵全民志工參與社會服務，透過各式各樣的活動接觸、促進全民認識、理解、創造溝通對話、生命教育分享等多元管道方式，加上人文社會快速提升，全新認識接納弱勢者的差異性，不再一竿子打翻一條船。

　　宗勳與同學說「明里兄以前搭公車、捷運，根本沒人敢靠近他，現在不但會讓位坐，還會跟他坐在一起。」此際，眼角差點噴出淚光。甫進教室前，偷偷觀察同學反應其說法，真的！大家都很平常心！」

　　社會融合，說來容易，知易行難。但是，要真實的落實，需要時間醞釀轉動。

　　有一天，朋友搭乘捷運（上班擁擠時段），車廂內進來兩位老人家，一位乘客大聲說：「有誰可以讓位給老人家？」，這一喊，接近門口座位的乘客同時都站起來讓位，很溫馨感人。

　　某日，排隊等候停車場電梯時，前面兩人同時轉身回來看著

輪椅使用者說「你先進」；這般可愛、貼心的小事，會讓人覺得臺灣很有希望。

一位輪椅族在捷運站電梯門口，旁邊一對中年老夫婦，依傍門邊卡位等電梯；旁邊一位媽媽推嬰兒車依序排隊，瞬間車廂門一打開，老夫婦搶先一步進去，引來媽媽仗義執言大聲斥喝：「你沒看到有輪椅嗎！」，不會讓她先進電梯嗎！真是自私鬼。

先生不爽嚷著：「旁邊還夠空間呀！」氣氛很不好，媽媽可以一起進來，可是她就是不願意，一直碎唸加強語氣：「真是沒功德心」。

電梯門一關，先生說：「我是殘障啊！」

唉！這樣的戲碼，何時能了結！是真？是假？從表象難以窺視全貌，就如一般人如何一眼認出眼前誰是聽障者、自閉症一樣，沒經驗者真的有點難。

國外客人，搭捷運發現臺灣人會主動讓座甚為驚訝，覺得很驕傲。現實臺灣正在改變，用心看世界，這一切就自己慢慢品味吧。

參政權，團結力量大

在《殘盟》的日子，沒有老闆，只有長工、志工，理監事會與祕書處關係很緊密。

平時廣結善緣各自使力，伙伴團體大家都認識，很照顧我好做事，一聽到要接任表示歡迎及樂觀其成；理監事會決議：無異議通過。大家都說「好，阿里大哥來最勇，讓他來衝」，眾人

在旁讚聲支持與人力相挺，覺得安心不少，不管團體成員是否認識、熟或不熟，都挺我，實在感心、窩心。

人氣可用，碰到有這麼多事情在眼下，團體覺得非做不可，基本上哪些議題要有策略運作，全經過理事會或常務理事會討論及共識後決策執行。

有一事，沒有做起來，王董希望推動成立聽障者總會，召開三次、四次會（聯誼會）直接對話溝通？但是，就是不行，他們沒意願，尚不夠團結，與外界溝通（手語、讀唇語）有困難。

社會上對於手語、讀唇語不熟悉，除了《啟聰學校》教學之外，社政單位不積極發展及推廣手語，讓一般人有機會接觸學習手語，只有少數的聽人團體或身負第一線民眾服務的公務人員需求才有開辦志工訓練課程。

像我「變形的手指」就無法學手語，燒傷的嘴形變異讀不出「型」來，完全要依賴翻譯或筆談進行對話，最後與王董只好放手、看著辦吧！

二〇一三年，《聽障聯合會》成立，恭喜跨出一小步。

細說《肢體傷殘聯合總會》成立在先，今陣亡休會亦最快，據了解總會現已停擺無人，其他的都是在《殘盟》之後紛紛成立總會。

相繼成立的有《智障者家長總會》、《視障聯盟》、《脊髓損傷者聯合會》、《聲暉聯合會》、《康復聯盟》、《自閉症總會》等團體，成為《殘盟》各別障別專業團體與政策諮詢及意見論述者，各常務理事也從這些團體代表產生意見領袖。

團體多，真能成事，做事，服務嗎？

同質性團體彼此間會有高度競合關係，會有議題相近性、相似性性質，又成員關係類似雷同者，團體內會員間彼此不適應者，又會陸續各自成立重疊性質的團體、相濡以沫取暖發展。

向上管理（政府、各委員會）議題，向下溝通（會員團體、倡導者）問題，促進橫向溝通平台與意見交流對話，如何讓事情順利發展下去，讓大家快速的知道訊息演化，決定不惜花下經費、花工時編輯《盟訊》定期出刊作為溝通的工具。

一百多個團體，光是要運作「經營組織」管理會讓人精疲力竭。

合則兩利，分則兩害；和這些老朋友有親密感，是好戰友，是互相切磋倡議的夥伴，跟他們沒有利益上的衝突，大家像交朋友一樣集結力量共事，只有共同的目標對象，就是中央政府相關機關部會。

會員團體有藍、有綠或其他顏色不一，這對於殘障聯盟影響如何？

殘盟大家庭有一個默契、包容心大，你要挺什麼人（黨）是你家的事，個人或團體負責人自己作決定；在工作上，除了祕書長不要有顏色攪亂之外，大家各自努力，隨您喜歡，不論色彩，屬性不強求，不管您腦袋內顏色，我喜歡這樣的自由。

大原則，大方向，一切以團體利益為先；保持團體、政黨、政府等三方等距關係，即「三角等距」互動，與「政黨友好」交往，與「政府溝通」順暢，不預設立場，將資源極大化，為弱勢者提供最起碼的服務。

參與政治，《殘盟》團體會員擔任不分區公職人員有前國大

代表陳博文牧師（民進黨）、宗景宜（新黨）；立法委員有鄭龍水（新黨）、王榮璋（民進黨）、陳節如（民進黨）等人，且都留下很好的成績及影響後續政策發展。

當年搞倡議議題，只要有話題性能突顯社會不公不義之事，眾媒體朋友都願意幫忙追蹤報導，甚至於追新聞熱度。

劉姊嗆聲參選立法委員，一鳴驚人未演先轟動，放話要參選角逐，挑戰《選罷法》不公平制度。

參選主角是國小學歷檢定通過的劉俠（杏林子）。

《選罷法》規定高中畢業學歷資格才可以參選立法委員，我們覺得很荒謬無理，認為民意代表來自於人民選票選出，當選後，只要有好的研究助理或智囊團隊就綽綽有餘問政，這何須多高學歷充任，不像行政首長要批閱公文決行，需要一些專業知能與決策能力相佐、相輔相成。

《選罷法》歧視低學歷者，社會一片撻伐，要求儘速修法，廢除而後快。

默契是打著劉姊挑戰參政權，衝撞選罷法第32條歧視失學者，這是團體共識與行動力；另外，若情勢發展非選不可，到時備胎登記參選。

人民權益意識提升，會吵的小孩有糖吃，這是人人琅琅上口的經典名言。一方面要求修法，一方面大聲吵人權、參政權，兩個政治議題及動作互相激盪創造出新聞話題，很多關心的學者教授們特別關心發展。

李鴻禧教授說：「哇！我們以為你們這一群，大概玩一玩，吹個小皮球，小小一顆，可能就結束，怎麼這皮球，愈吹愈

大！」，吹到他們都說讚。

哇！大家都看傻了，這一群人，到處去踢館叫陣，中選會及內政部修法步調期程不一，打得主管官員謹言慎行表示：「好，要改、要改」回應；追問說：「什麼時候修正選罷法，要怎麼修訂法條？」。

絕對不輕言、放棄就走人，或不理他，跟官方持續纏鬥，殘盟隨時發新聞稿給媒體，媒體追的緊緊地，三天二頭跟著新聞熱度，提出相關對策、修正版本、遊說說帖，絕不和稀泥，一定要達陣修法。

由於劉俠女士未能取得參選立法委員資格，以動員戡亂時期公職人員選舉罷免法第三十二條有關候選人之學經歷限制規定違反憲法對人民參政權的保障，即循申請國家賠償（非訴願、再訴願和行政訴訟）程序，再提請大法官會議釋憲。

最後經大法官會議做成第二九〇號解釋，主張選罷法對候選人資格所為學經歷資格限制並未違憲，但認為「應隨國民之教育普及加以檢討，如認為仍有維持之必要，亦宜重視其實質意義，並斟酌就學有實際困難者，而為適當之規定」（大法官會議釋字第二九〇號解釋）。

弱勢參政權，當國會討論「政黨不分區」設計，社運訴求不分區名額，各政黨應有弱勢者身分代表，為自己發言、爭取權益。

社會力有一股強勁中道力量，推著政府要往民主道路前行。

命中無官場位，腳踏實地，專心做事，追求自我實現。

有一年，立法委員選舉前夕K黨中央黨部社工會幹部張先生

打電話來詢問說：「我們想找你來當弱勢代表──國大代表」。

一時錯愕、受驚來電，心想到底有沒有搞清楚？在他們黨營事業單位受害的，豈可會為了政治違背自己的誓言、核心價值、願景，並且認同、接受這個黨的價值。直接告訴他：我不是黨員。你可能誤會了！

各政黨在不分區設計，內部都擺不平，當然沒有釋放出來。

一九九二年年底，選舉國大代表，陳哥、曹姊說「阿里，民主進步黨要找一位不分區國大代表」徵詢有無意願，有沒有可能代表？

我說：不拒絕。但是，現在人在國外不方便。又說：現在有兩個人選，一個陳博文，一個是我。最後，確認陳博文出線，祝福他從政。

好友算過紫薇斗數，謂一生無官運，如此這般命中無時不強求！

陳博文理事長（歿）身體已經愈來愈退化（肌肉萎縮漸凍）、硬化，一些人擔心能否撐四年國代任期結束。我說：以陳博文為優先，不要考慮我，因人在國外，要突然中止學業計畫不妥，說走就走，這樣不好。

同時期，個人身體發生異狀（痔瘡），沒有告訴陳哥及曹姊狀況。

有一次，中央選舉民意代表立法委員，民主進步黨福利國來電詢問「阿里，福利國欲推薦擔任不分區立法委員，您意願如何？」。

他們問過多少人，不知道？我說「如果真要人，再跟我說」

福利國最後沒有找我，我不在意。知道僧多粥少，眾人在搶，豈有隔夜糧草，肥水往外流。

生吃都不夠，那有得曬乾！這稀有資源席位，各路人馬競爭者眾，怎麼可能將含在嘴上一塊肥肉輕易掉出來！拆白說（臺語）不是不知道這道理，那會不知道這把戲？所以沒有到手的肉，絕不用高興太早。

陳博文和宗景宜二位擔任國大代表，李登輝總統執政正在「增修憲法」條文，《殘盟》順勢在議題上把「無障礙環境」放入憲法。真是神來一筆，功不可沒。

如何處理殘盟與政府或政黨之間的關係，在政治上應該要怎麼操作？

出發點以爭取身障權益為依歸，基本上這麼認為，不管是法案、或是議題、或是經費預算、或是人力等，都是要跟政黨有密切對話合作修法，不管你討厭或是喜歡（政務官或事務官）都得去溝通、變通、妥協的過程，因為政治的現實與無情都在這裡面，政治的奧妙與騙術也在裡面翻來覆去。

《殘盟》會員大會公決及理監事會決議案就全力以赴，透過定期工作會報傳達，平時督促同仁使命用力產出所要的東西，祕書處上承理事長指示，下推工作計畫及活動，與團體會員共享收穫，分享成果。

若說你不關心政治，政治與您無關，就去撞牆吧！

試問今天油價、天然氣、桶裝瓦斯多少錢？想想看是不是跟政治有關或真的無感？身障者各項議題如果跟政治脫節，覺得身障朋友就是直接受害者，因為經費預算皆掌握在這些國會代表身

上，若立法委員、議員沒有用心監督，公平正義就無法彰顯，弱勢就沒有得到照顧，政府功能就會出問題。

弱勢團體與政府或政黨間的互動關係是無可避免的，除了保持等距三角關係之外，維持靈活的運作及互動合作是常態，所以倡導者（祕書長）很辛苦，自己要保有顏色、不錯亂，難矣。但是，工作不能有顏色，還要維持黨派中立？等距關係。

基本上跳脫個人好惡、立場與態度，容有自己的色彩、核心價值。

面對議題、修法，要找一些可以溝通或願意幫忙的立委合作不可免，如二〇〇七年，《殘盟》理事長林進興先生邀請擔任《修訂職業災害勞工保護法》召集人，與法律扶助基金會郭吉仁祕書長、臺北分會林永頌會長、工殤協會等討論後傾向擴大制定「勞工職業災害保險法」草案為「職災保險法」方向。

政黨輪替前後跑三年，包括拜會前後任勞委會主委（盧天麟、王如玄），後於二〇一〇年，遊說請託黃淑英立委（民進黨）領銜提案送進立法院審議。

二〇一一年五月，立法院第七屆第七會期好不容易排進社會福利及衛生環境委員會，當中有七個立法委員提出相對提案；然遲遲不見行政院版本送達立法院併案審議（行政院第3422次會議民國103年10月30日提案討論通過，由院送請立法院審議。）觀察會期國民黨擁有四分之三絕對多數席次，然就是不排入委員會議程討論，您奈他何！

話說現行「職災保護法」一個很嚴重的「照顧時態」問題，當個案發生職災時（法定確認職災案），照理政府勞政單位應該

開始啟動給資源補助，如職業病、職災生活津貼、輔具補助、復健重建、看護照顧等等費用。但是，該機制卻不是如此貼心設計，要等這個個案最終手術治癒好，經過醫師診斷評估確認不再開刀、失能無法復原時，才啟動申請「職災保護法」的各項補助！緩不濟急也。

換句話說，職傷者（無論輕重傷）及家屬在最需要資源承擔傷者各式各樣開銷時您是沒得申請的，要先自掏腰包自付費用的，若留下單據於事後申請追補可能是無用的，真是莫名其妙的重建補助辦法。

勞政單位違反母法立法精神及原意，訂出子法（補助辦法）讓人失望透頂！官方不知傷者疾苦！官員不會聞聲救苦？這是什麼樣的心態與訂法？完全沒有現實感、同理心！更沒有感同身受的作為！

除了「終了鑑定」成為中、重殘（一到六級）失能者可申請到看護照顧、生活支持、輔具、復健重建等補助之外，輕傷者（七級以上）治療、復健是沒得申請的。即使有獲得補助金額也是少的可憐（一千到八千元）；已脫離現實生活，你懂意思嗎？如申請一位外勞看護工每月平均要支出二萬二千到四千元之間的費用，您申請一位看護照顧才補助八千元，這價碼也實在差很大！

有一天，江綺雯（前國民黨立委）與簡錫堦（前民進黨立委）等安排到陽光拜會，負責接待及簡報說明，當時要訂立「職業災害保護法」，說明職災歷程會有什麼樣態與狀況，最後，為何該法會被訂成這個樣貌真的不可思議？

在陽光，沒空直接參與，心想有《工傷協會》在推，沒有特別注意草案內容為何！等知悉法條不切實際，真是扼腕後悔萬分。

二〇〇七年，開始注意這一塊，擔任召集人與大家一起深入討論研議發現不對勁，是個空虛法加空包彈，光從勞政年度職災給付統計資料經費預、決算沒有用在刀口上解讀出大部分是花費在行政業務與委辦研究案居多。

真的太扯了；照理說人員受傷，資源就應該即時到位，結果要等到個案終了，經主治醫師判定失能等級時才給予補助；更可惡的它引用「社會救助法」精神評估審酌給予各項補助，訂出一千元至八千元不等額度欺負勞工！

拜託，這錢是眾勞工、雇主交給政府的託管基金耶，錢寄放在政府要照顧職災者，卻被拿去操作投入股市當基金護盤（投資），讓人吐血。不說您不知，有關這基金歷年來已累積逾上百億餘元，然一年花不到八千萬經費！

林永頌律師說：將「職業災害保護法」修成「職業災害保險法」上好。但是，以臺灣政治生態環境，人民無法期待何時會到位。

障別總會要作研究、創造議題、專職人力在哪裡？經費在哪裡？各總會規模有大有小，個別問（議）題不一，哪個議題值得研究？如視障部分，導盲磚如何鋪設？盲用點字如何做、使用？特殊教育有聲書籍如何編輯、錄音？觸摸圖形、導覽服務等專業性服務視障人口之特性。

當年視障內部就修法議題是分裂各行其是，按理說按摩是不

是應該在它裡面一起研議，結果它脫離了，它不要《視盟》來處理，如此小眾變成更加小眾。

二〇一一年十一月起「按摩業」要釋放給明眼人工作權保障，《全國按摩總工會》從業人員自己首先跳出來走上街頭遊行抗議。

《全國按摩總工會》比《視盟》還緊張，因為「身權法」保障非明眼人「按摩」工作權，經大法官釋憲案宣告「違憲」，將改變過去的保護產業模式，開放給明眼人可以從事。

以此而論，障別應該要處理自己的議題，障別總會或聯盟應該要Cover起來代言行銷。然而有些障別沒有這樣做，反而把自己兄弟踢走分立，也許兄弟不覺得是被你踢走，還很有個性的對外說自己是在另創新局；真是有膽識的創會之舉。

各總會的發展，除了智總之外，其他好像起起又伏伏？

對，可能還沒找到議題，即使找到議題，沒有好好的做也有關係，現在的社會除了專業之外，最好是成為專業中的專業。

障別（總會）如果能成為專業中的專業，像智障者家長總會有專業的人力、能量；一樣啊，陽光、視障、聲暉、聽障、康盟、自閉、脊髓等個別研究出自己的議題，各種障別的問題樣態是什麼？各自把問題完整的呈現出來。這年頭，每個行業都走向專精化、深度化，以及個別化，如此絕對所向無敵，永遠做不完。

二〇一〇年，為呼吸器發聲，爭取納入輔助器具及權益服務，或許是使用呼吸器者團體倡議力道有限，《殘盟》必須幫忙發聲，處理散戶需求。

NPO員工很辛苦，要有十八般武藝，障別議題要兼顧、要專精。

建立問題基本架構、複製議題關連性、整理意見論述，都是基本功夫。戲法人人會變，自己要有創新、轉變的能耐。

對臺灣社會或身心障礙福利界，《殘盟》存在最主要的意義或功能？

基本上在幫弱勢團體、弱勢者當領頭羊，基本上是個聯盟性質，不管是象徵性或是實體上，都有它的使命任務，再說各別或共同議題不會消失或結束的一天。

全世界沒有所謂的沒有身障朋友日，一定會存在的，相關工作一定會持續下去，只是好與壞、程度差異，人少人多、事情多、事情少差別，還有為障礙者發聲，不要讓個人去衝撞體制或官僚系統，甚至於被貼上標籤化。

甚麼時候關門歇業？創立就想關門事，大家都一陣傻笑，半開玩笑的說：修法後兩年關門。我說：哪有可能？修法才開始動工，工作才開始，不是嗎？

每一次修法就重新再翻攪問題，不管是好是壞，都要重新檢討，重新檢驗哪個地方做了？哪個地方不足？這些業務就會變成一件專門要倡議改善的事務。如捷運站只有一隻電梯就是錯的。

臺灣政府重視民間力量？國外聯盟是政府給固定經費讓你RUN計畫，像香港賽馬會一樣支持總會或聯盟，讓團體不愁吃、不愁穿的運作。

現代政府決策奇怪現象，專搞對立與拉攏手法分立，真正受到決策影響，想表達意見的人民，總是被政府及官員當成張牙舞

爪的怪獸對待，而與政府關係良好者恰似遠離社會現實面的「學者專家」被奉為上賓侍候。奇怪耶！

兩頭燒，這邊沒錢給你燒，那邊事情燒不完，工作人員夾在中間窮擔心，忙於兩邊多頭事，還好沒有成為街民。其實最為難的在於永遠缺資金，又不能有多餘的錢。您說為什麼？「團體有錢，有些人就要分！」

永遠忙不完，因為以臺灣這種病態社會，跟病態的民意代表不少，工作不可能消失，只會累死人員而已，不可能改變現狀。歷任祕書長內外交迫，有各自的苦處、甜蜜之處；覺得工作是苦差事，也是修養人格的好地方。

那年頭，在沙漠中播種開路，開創往往是最困難的功課。

倡議法案工作，要勤快發新聞稿與記者保持通話捷徑，上節目受訪猶如三餐一樣密集不間斷，也要自己策劃製作及主持電台節目對外發聲，每日生活在心智耗竭與體力透支狀態下，手上總是有處理不完的大小事。

立法院親像走「灶腳」頻繁，服務台說「咦，很久沒有來」；我說「對啊！今天公聽會」；旁邊又說「今天又來囉！」；我說「對啊，你沒有排桌子給我，不然每天都來這邊辦公，可以看到妳」見老友不改愛說笑個性。

看在眼裡，想在心裡。

立法委員玩政治權力者，少主動用心於弱勢族群。但是，也不至於反對社會福利政策、經費預算。

揚棄「搭便車心態」，堅持對的事，不計較個人得失，前仆後繼努力，共同創造美好願景，建立友善生活環境。

退而不休，戰士不缺戰場

二○○四年成立，《行無礙》鎖定《身權法》第五十二條社會參與權，工作忙不完！

二○○九年九月，來《行無礙》與朝富、鯉綺一起工作，創先於淡水設立服務中心，提供無障礙體驗遊、在地關懷、無障礙勘查、輔具租借、無障礙方案計畫等開創性服務，專門為行動不便之輪椅族服務。

社會參與、文化及休閒活動，是《行無礙》的服務標的，放眼有誰在做？有的話是應景活動，如節慶園遊會、招待吃喝、看表演、身障者日等一般性應景活動。

有人宣稱他（她）們做無障礙旅遊，其實是營利事業目的包裝；《行無礙》係非營利事業性質，提供輪椅輔具及志工人力，採一對一人力全程服務參加者。

誰不愛玩？行動不便的輪椅族長久以來被關在有限的空間，該是出來社會參與的時候，見識世面的變化，看見外面的世界，不要老是窩在家裡守住電視、閱讀、影片、錄影帶等當成生活休閒活動，那才是罪過啊！

二○一○年起，主要負責業務為勘查臺北市十二區鄰里公園計畫案，專責倡導政策性與法規議題的執行，陸續參與「內政部營建署102年度市區道路人行環境無障礙考評實施計畫」，「內政部營建署106年度市區道路養護管理暨人行環境無障礙考評計畫」，「內政部營建署105年及106年與107年及108年都市公園綠

地無障礙環境督導」委員，出席修訂「建築物無障礙設施設計規範」會議等。

時間、因緣到了，創造無障礙旅遊氛圍有了，臺灣的經濟跟生活逐漸改變了，人口結構也變了；以《行無礙》力推交通大眾運輸無障礙，如臺鐵月台障礙及人員服務態度事件，餐廳無障礙，如麥當勞門口階梯事件運動，經過網路「臉書」串連發動抗議，左一聲、右一句據理力爭，要求交通及營建主管機關訂期程改善，這就是人權，也是社會權的展現。

障別議題要專精，勢必要分流、分工、認養。

工作者必須清楚地看到自己的定位與對議題的掌握，必須思考要成為專業中的專業的同時，要能夠去觸及到議題的精髓是甚麼？

一直在思考自己的角色、任務、使命是甚麼？清楚哪些東西要或不要，有沒有興趣、能力、專業、技術、資金等元素盤點比對？今天跟昨天比有沒有甚麼改變？有沒有翻轉起來或倒退不前？如果沒有，為什麼是按呢？

一九五〇年代，「小兒麻痺症候群」患者從屏東縣高樹鄉大津村爆發以來，迄今受害個案已年過半百歲數，有為數不少的人以輪椅為生活、行動輔具代勞。那個年代公共衛生不及格，每隔八至九年週期就發生一波，臺灣歷經五波病毒侵襲致殘者，於阿扁執政時期，衛生署涂醒哲署長提出申請獲得WHO根除病毒。

《行無礙》鎖定輪椅族，相關生活議題及環境障礙問題過去沒人理會，即使肢體障礙者也不理會輪椅族面對階梯障礙的問題。

肢體障礙者撐拐仔凸（臺語）門檻就跨過去了，一側身就能

進門，好像沒有什麼感覺或深層的物理環境障礙。

有些肢體（持拐杖者）者不會有深切體驗障礙事，然而輪椅族就廁所門淨寬不足八十公分與設計門檻就不能進出，日常生活的吃喝拉撒大事您說怎麼辦？

推娃娃車、孕婦、膝關節、髖關節退化、老化者就很有行動障礙的感覺。以前有苦無處說，只有硬撐、默認、不知所措，吞下去！現在不一樣了，人權高漲，動則申訴主管機關，訴諸媒體報導，修法或立法手段要求改善。

承先啟後，傳承經驗是心情與願景，希望將過往倡議經驗（社會、立法、政策）轉移給新人、新一代，不希望倡議知識中斷或有代際間的斷層。這些年辦理了幾場倡議的公聽會如下；

二〇〇九年七月十四日辦理召開「如何落實無障礙（通用）住宅」公聽會，改善集合住宅迫切性垂直及平面移動障礙等居無礙；

二〇一〇年八月十八日辦理召開「提升行動不便者生活休閒權益」公聽會，落實參與社會權；

二〇一〇年十一月九日辦理召開「提升行動不便者搭乘大眾運輸交通服務」公聽會，全面檢視陸海空交通運輸系統障礙場域問題；

二〇一二年六月五日辦理召開「提升行動不便者尋訪古蹟、歷史建築暨文化生活環境」公聽會，促進文化生活休憩活動場所可及性、可近性之無障礙環境；

二〇一四年五月六日辦理召開「這不是障礙，甚麼才是障礙？—如何去除路阻」公聽會，還行人路權，輪椅暢行無阻。

二〇一〇年十一月十二日下午，《行無礙》及伙伴們共同

發起「1113交通無障礙」遊行，不分南北輪椅族二百多人冒著細雨、頂著寒冷天氣在臺北車站東三門集合，隨後向臺灣鐵路管理局抗議遞送陳情書，轉往交通部前抗議，要求交通部立即改善交通運輸工具對行動不便者障礙及歧視。

二〇一一年十一月十三日下午，三十餘團體聯合發起「1113下個百年沒有障礙」遊行，有肢體障礙（輪椅族）、精神障礙、聽覺障礙、視覺障礙、自閉症、罕見疾病……等身心障礙者上千人與會。

二點出發，天空開始飄著細雨，似乎在回應憐惜、掉淚一樣，大家頂著溼冷的氣溫，勇敢走向街頭，向行政院、內政部、教育部陳情，終點站在凱達格蘭大道、臺北賓館前，有身障兒童與青年「許願」發表願望書文。

首次展演《如果總統是殘障者──換個角度看世界》，由小兒麻痺者VICIENT露出萎縮的四肢倒立、罕病小齊、肢體Simon、精障麗娟、顏損阿里、倒立先生明正等不惜犧牲色相於寒風中忘情演出。

主要訴求為：

（1）發展無障礙產業；（2）提供特教生在校助理員；（3）提高生活補助費，身障者50歲可提早退休；（4）提高聽障輔具補助金額，手語為公事語言；（5）去除精神疾病污名化，重視並推動「精神醫療社區化」；（6）要求工作權，廢除公務人員考試進用對身障者的歧視；（7）建置自閉症青年中途之家，日間照顧中心；（8）新制身心障礙鑑定流程應符合法律規定，拒絕山寨版ICF的新制身心障礙鑑定制度。

主要口號為：

（一）**聽障部分**；（1）我要溝通無障礙；（2）申請手語翻譯無障礙；（3）我要聽障輔助員；（4）我要手語普及化。

（二）**生活補助、津貼部分**；（1）我要提高生活補助；（2）吃袂飽、要夭死、我要提高生活補助費；（3）我要津貼顧巴肚；（4）有補助，有選票。

（三）**無障礙產業部分**；（1）我要交通行無礙；（2）我要生活無障礙；（3）我要上學無障礙；（4）我要就業無障礙。

（四）**特教個人助理部分**；（1）給我特教在學助理員；（2）我要個人助理；（3）我要學習無障礙。

（五）**身障退休部分**；（1）身障退休提早到50歲；（2）保障精障者工作權；（3）我要工作權；（4）我要合理退休。

（六）**共同訴求部分**；（1）下個百年、沒有障礙；（2）百年無障礙、人權無歧視；（3）提供社區多元化服務。

　　一波接著一波動員，以化整為零的方式，爭人權，護權益，不退縮。

　　二〇一一年十一月二十三日上午，二十餘位輪椅族自動前往國泰航空公司臺北辦事處抗議拒絕載運身障者運動，國泰航空濫用國際航空規約以「安全」為藉口、「緊急無法自行逃生」為理由，將一位已坐上機艙內十餘分鐘的輪椅者趕下飛機，明顯歧視身障者搭機飛航的權益。

洗門風，身障者得知此事件群情激憤，要求道歉及賠償。當下國泰航空客服態度及處理方式令人不敢恭維；事後公司派專人到協會表達歉意，並且說明未來將如何提供服務，會檢視相關服務流程建立機制（SOP）以提升客服品質平息風波。

這些活生生的事件與案例絕非首樁，亦非代表爾後就不再發生類似的事件，身障者必須認知與澈底覺醒，自己的權益自己爭取，權益不會從天上掉下來，透過運動見證身障者的力量不可忽視，不要欺負身障者，我們要普世人權與平等對待每一個人。

非親非故，比家人貼心。感動到不行，她是我姐妹、兄弟。引述輪椅天使秀芷與1113伙伴們分享、激勵的話：「我比較幸運，我的家人很支持我的想法跟作法，因此我並不害怕！我媽還比我激動。」

「一些讀者，會覺得改變很大，甚至演講過的學校老師，會有些害怕，像上次逛校園勘查無障礙，老師有點擔心！搭國內飛機，空姐看到一定先交頭接耳互相提醒一下！」

「不過，不覺得這樣有啥不好，爭取的不是特權，只是一個基本的平等權，生活中最平凡、最卑微的一點小自由，身為一個人最基本的權益！理直氣壯，毫無畏懼！」

「所以當有人問為什麼跟以前不同，會說，沒啥不同！」

「走出內心苦痛，現在要走回原本世界，無障礙問題是目前挫折，因此要去面對解決他！」

「對於其他不屑爭取行動的身障朋友，或一般朋友，只能說，不支持，也不要說話，就一邊等著吧！以後你一定用得到這些。」

「很幸運，即使有些朋友一開始不是很認同這樣看似激烈作法。但是，在需要的時候，他們都在「1113下個百年沒有障礙」活動，見到好多朋友，超級感動！」

　　「如果可以好好生活，如果好好溝通就可以有所改變，誰願意在假日冒著風雨來抗爭？誰願意無端承受這些誤解跟批評！」

　　「一再隱忍跟妥協的生活，不是我要的，身為一個人，不該一直被忽略、遺忘，我想拿回身為一個人生活中最基本的尊嚴。」

　　「比較任性，只在乎在乎的人，他們的感受，相信願意理解的人，會理解的，不願意理解的，多說無用，讓時間去證明！」

　　「大家一起加油！」

　　看見、佩服、熱淚、內心激動，秀芷的思想與核心價值及願景、理念的堅持，感到欣慰，後繼有人，新一代倡權運動者浮出檯面，接班人紛紛出現，傳承倡議運動的種子開始發芽滋長。

　　再引述雅雯說：「我也覺得，當我變強悍了後會不一樣，以前的朋友們似乎都不是那麼了解我在做什麼，抓到聚會的機會跟他們說我在做的事，以及抗爭行動的意義；說大概兩分鐘後，可以從他們放空的眼神看到，其實他們並沒有那麼想懂，所以就放棄了。」

　　「若是他們質疑我，又不好好聽我說，就罵人（臉紅），唉！一向都是罵人慣了，也不差現在了。」

　　「我媽媽跟我妹，一向是不知道我在做什麼的！反正她要我安全回家就對了，至於我做什麼，倒是不太在意。對我來說，他們的反對聲音純粹只是基於人身安全顧慮，不然我妹也不會在有

人對我語氣不好時，去問人家『嘸你要怎樣』，哈！是個抗爭的『咖』啦！我姐就全力支持我了。」

「對我來說，還是那句話『年老心急』當我體力及生命只剩下一半，又發現要花兩倍時間及體力處理生活瑣事，過斜坡，找平路，搶電梯，我會怕，總有一天老化到沒有力氣花這個兩倍時間，最後關在家裡，哪裡都去不成了。」

「趁現在，還走得出來，能做多少，算多少，能多用力，就多用力，老了，可能還有一點點機會，享受現在力爭的成果吧！」

好樣的雅雯，給妳一萬個讚，不愧是身體力行者。

再來分享一件換發「身心障礙證明」之後之後遺症！

二〇一三年起，地方政府機關社政單位按《身心障礙權益保障法》規定逐年辦理換證作業，並且依障礙程度進行換發《身心障礙證明》事宜，這不換尚且好像沒事，卻換出一缸子的火氣與衍生出些許問題來（如永久持證者每五年要換一次證明）！至於那些火氣暫且不說，僅就小小一個問題來評論，以免失去焦點。

換發新證顧名思義就是持舊《身心障礙手冊》換成新《身心障礙證明》。看似簡單的作業卻暗藏玄機的內容變動，已造成當事人極大化反彈與不滿！以「身心障礙者專用停車位」為例，這鑑定「有」與「沒有」就爭議不休、怒不可遏！

按「第56條公共停車場應保留百分之二停車位，作為行動不便之身心障礙者專用停車位，車位未滿五十個之公共停車場，至少應保留一個身心障礙者專用停車位。**非領有專用停車位識別證明者，不得違規占用。**

前項專用停車位識別證明，應依需求評估結果核發。

第一項專用停車位之設置地點、空間規劃、使用方式、識別證明之核發及違規占用之處理，由中央主管機關會同交通、營建等相關單位定之。

提供公眾服務之各級政府機關、公、私立學校、團體及公、民營事業機構設有停車場者，應依前三項辦理。」

依規定「**非領有專用停車位識別證明者，不得違規占用。**」與「**前項專用停車位識別證明，應依需求評估結果核發。**」就是有無資格取得《身心障礙者專用停車位識別證明》關鍵所在與能不能停車在身心障礙者專用停車位上之問題。

那些人會被排除資格？按身心障礙行動不便者鑑定編碼 D460：走不穩，走不快，走不遠（六公尺以上）者就可以申請《身心障礙者專用停車位識別證明》，換句話說，身心障礙行動方便者就不能申請《身心障礙者專用停車位識別證明》。

按障礙對象分別那些人會自行開車？一般駕車而論，那些障礙者會自行開車？可能是肢體障礙者、多重障礙者、聽覺機能障礙者、平衡機能障礙者、聲音機能或語言機能障礙者、重要器官失去功能者、顏面損傷者等；那些人會被接送？可能是因罕見疾病而致身心功能障礙者、視覺障礙者、智能障礙者、腦性麻痺者、植物人、失智症者、自閉症者、慢性精神病患者、頑性（難治型）癲癇症者等；當然也有些許對象是例外案例，端視個別之個案功能鑑定情事及樣態而論之。

回顧當年修法之歷史脈絡，為考量下肢行動不便者之行走不便（持單拐，雙拐，坐輪椅者為主），於立法時設計在上建築物

最近之處與停車場出入口處劃設身心障礙者專用停車位，以照顧下肢行動不便者方便停車。【註：領有C證（交通部製發汽車駕駛執照）／特殊改裝車（行照／登記名下自有）／自行駕駛者為對象／條件。】

問題來了！亂源到了！違停車多了！民怨一堆了！

按警政署全國違停拖吊身心障礙者專用停車位案件二〇一七年一至九月合計有35,112件，平均每月3,901.33件，每日130件之多，這是亂源之一，也是民怨之一。

身心障礙者專用停車位不停白不停作祟！按舊制手冊只要是身障者或家屬、監護人等提出申請都有可能取得專用停車位識別證資格或AB車牌，有些人（行動方便者）更是有恃無恐霸位停車，造成粥少僧多（2%車位比率）、怨聲載道不止。

其實，行動方便者可以停在一般停車場之停車位上，不要占用身心障礙者專用停車位，將停車位留給行動不便者為主，即使接送者（家屬、監護人）如果被接送之身障者可以行走（不分各別障別），以及非編碼D460：走不穩，走不快，走不遠（六公尺以上）者就不要視身心障礙者專用停車位為其選擇權逕行佔用之。

換證之後之後遺症是什麼？不說您不知道，首先停車優惠之福利被取消了。因為二〇一一年臺北市停車管理工程處某次會議（有誰參加？與會團體誰？）將身障專用停車位識別證與身障者停車優惠兩者綁在一起，決議後短期內看不到潛在問題，因為大部分的舊制者尚未換發新證明，迄今問題露出這影響可不得了，直接受到衝擊的是非下肢行動不便者未能取得停車位識別證，停車優惠也沒了。

公共政策，若無公民參與事先對話，尤其是利害關係人等，經常會誘發衝擊與反彈。

話說從頭，大約在黃大洲市長年代，臺北市宣布實施身障者優惠停車之壯舉，以照顧身障者法定事項不足之福利政策，此一推出當然是一片叫好稱讚聲，誠如陳水扁市長競選政見發放身障津貼一樣美好。同樣地不討好的福利政策作為推出，如柯P競選政見取消重陽敬老津貼一樣被罵到臭頭，同理《臺北市停車管理工程處》取消身障者停車優惠一樣被抱怨抗議情事一般。

二〇一八年一月三十日下午《臺北市停車管理工程處》召開「身心障礙者專用停車位占用查核及改善作業座談會」由陳冠龍主秘主持，民間團體代表數人出席，本人與會就上述陳年政策提出說明就事論事就教於各方，並且聽聞當年《臺北市停車管理工程處》該次會議討論決議，將身障專用停車位識別證與身障者停車優惠兩者綁在一起才是禍源之因，其實這二者根本是兩回事，又怎麼會是這樣子的決策品質！

他們聽到了，也知道了，陳主秘允諾，給他們時間內部行政作業處理後，再給大家一個答案。如果不滿意的話，我們還有倡議的管道找市議員陳情處理，或報名《臺北市民政局》在各區公所辦理公民參與式預算活動提案，相信公民參與公共政策能改變成真。

小政府，大公民，自己的權益自己救，權益不會從天上掉下來！

倡議是一條漫長的道路，要有願意投身在裡面的人物，吸收動力傳承運動經驗，讓運動的力量持續擴散，進而開枝散葉出去。

紗帽山行腳記

一九七四
職災驚爆，三亡二傷
烈火紋身骨肉分離，災難臨頭旦夕小命
嘆！人生無常，不知災禍奪命
刀刀見紅，疤疤、痕痕，換一方勳章
千層刀、日月割，呼天喊地
生不如死，聲聲悽厲
植皮挖東補西，傷神無助，哭訴如何
日日夜夜、痛徹心扉，睡不安寧，莫道緣起緣滅
一口氣，萬般命，生如斯，半點不由人
喚不回青山，沉著、無懼與疤痕共舞、共生

一九七六
親近您，同命屋簷下
拼命為那椿，復健，虛弱如我，慕名而來
遠離故鄉埋名為養傷歲月，沉澱心情忘身世
隱身依在您腳下，撞見生客如見仇
泡溫泉，促使血液循環，療傷止痛，盼走出孤獨、悲情
學走路，自立生活，面對災難，讀不可測人生
日日夜夜、哭訴您，風風雨雨、不停歇
眼皮下，淚如雨，英雄氣短，男兒當自強
守得雲開望見月，生命將再起

一九七九

離開您，奔下山

復健成，滿懷心喜，撞見悲慘世界

殺戮城市，不容我一身變臉疤痕

曾經偎在您腳下、滋養、練功、問人性

行走間，吸納濃濃芬多精，相見不相識

羊腸小徑、青苔、落葉、毒蛇、獼猴、野牛來作伴

風口當下誰先知，冷氣颼颼，寒夜結霜凍

日日夜夜、伴著您，月月相伴、深幾許

山徑疑無路，五色鳥咕嚕嚕響，唱不停世間情

人生有起有落，轉彎又何妨、又何妨

二〇〇六

再會您，如雲仙

年已增，腳力衰，見我、氣虛、面容改

紗帽山頂，氣勢依舊自然迷人，地拔、竝在

如今回到您腳下、溯源、尋芳千百回

千千層層，石板階，相思綠樹，蔽不見天

陽光乍現穿透光，靄靄白雲透綠野

日日夜夜、想念您，曾經有您、滋潤養身

蛙鳴、蟬聲、鳥語聲，青山依舊在，人已非

走出來時路，再見青山

夕陽染紅、淡水河口，一片天

一片天

陳明里職涯表

1955年08月出生		
治療暨 重建期	1974	化學（三氯乙烯）槽清洗還原機爆炸、職業災難伊始──1974.12.31.PM16：40
	1975	急救與治療、手術期
	1976-77	搶救手部重建手術與生心理復建期
	1976-78	陽明山紗帽橋泡溫泉復健期與讀書治療期
準備期	1979	職業訓練──建築製圖與重返社會期
工作期	1980	高雄大社高中同學家庭工作場雜工兼復健
	1981	參與發起陽光基金會茶會記者會
	1982	投入陽光基金會籌備會幹事
	1986-90	二度回陽光基金會主任兼祕書長
	1990-92	遠赴美國讀書及觀摩無障礙環境設施設備
	1992-95	接任殘障聯盟祕書長
	1995-99	接任民主進步黨中央黨部社會發展部副主任
	1999-2007	三度回陽光基金會行政部主任、自請退休
	2007	接任臺北市社會福利聯盟總幹事
	2008	擔任伊甸社會福利事業基金會高級專員
	2009	擔任臺北市行無礙資源推廣協會專案經理
	2017	擔任臺北市行無礙資源推廣協會辦公室主任

釀文學226　PE0147

 走自己的路：

為身障者倡議爭取權益的阿里大哥

作　　　者	陳明里
責任編輯	劉亦宸
圖文排版	林宛榆
封面設計	蔡瑋筠

出版策劃	釀出版
製作發行	秀威資訊科技股份有限公司
	114 台北市內湖區瑞光路76巷65號1樓
	電話：+886-2-2796-3638　傳真：+886-2-2796-1377
	服務信箱：service@showwe.com.tw
	http://www.showwe.com.tw
郵政劃撥	19563868　戶名：秀威資訊科技股份有限公司
展售門市	國家書店【松江門市】
	104 台北市中山區松江路209號1樓
	電話：+886-2-2518-0207　傳真：+886-2-2518-0778
網路訂購	秀威網路書店：https://store.showwe.tw
	國家網路書店：https://www.govbooks.com.tw
法律顧問	毛國樑　律師
總 經 銷	聯合發行股份有限公司
	231新北市新店區寶橋路235巷6弄6號4F
	電話：+886-2-2917-8022　傳真：+886-2-2915-6275

出版日期	2019年6月　BOD一版
定　　　價	320元

Printed in Taiwan

國家圖書館出版品預行編目

走自己的路：為身障者倡議爭取權益的阿里大哥 / 陳明里著.
-- 一版. -- 臺北市：釀出版, 2019.06
    面； 公分. -- (釀文學；226)
BOD版
ISBN 978-986-445-269-9(平裝)

1.非營利組織 2.通俗作品

546.7   107011753

讀 者 回 函 卡

感謝您購買本書，為提升服務品質，請填妥以下資料，將讀者回函卡直接寄
回或傳真本公司，收到您的寶貴意見後，我們會收藏記錄及檢討，謝謝！
如您需要了解本公司最新出版書目、購書優惠或企劃活動，歡迎您上網查詢
或下載相關資料：http:// www.showwe.com.tw

您購買的書名：＿＿＿＿＿＿＿＿＿＿＿＿＿＿＿＿＿＿＿＿＿＿＿

出生日期：＿＿＿＿＿年＿＿＿＿＿月＿＿＿＿日

學歷：□高中 (含) 以下　　□大專　　□研究所 (含) 以上

職業：□製造業　□金融業　□資訊業　□軍警　□傳播業　□自由業
　　　□服務業　□公務員　□教職　　□學生　□家管　　□其它＿＿＿

購書地點：□網路書店　□實體書店　□書展　□郵購　□贈閱　□其他

您從何得知本書的消息？

　□網路書店　□實體書店　□網路搜尋　□電子報　□書訊　□雜誌
　□傳播媒體　□親友推薦　□網站推薦　□部落格　□其他＿＿＿＿＿

您對本書的評價：(請填代號　1.非常滿意　2.滿意　3.尚可　4.再改進)

　封面設計＿＿＿　版面編排＿＿＿　內容＿＿＿　文／譯筆＿＿＿　價格＿＿＿

讀完書後您覺得：

□很有收穫　□有收穫　□收穫不多　□沒收穫

對我們的建議：＿＿＿＿＿＿＿＿＿＿＿＿＿＿＿＿＿＿＿＿＿

＿＿＿＿＿＿＿＿＿＿＿＿＿＿＿＿＿＿＿＿＿＿＿＿＿＿＿＿＿

＿＿＿＿＿＿＿＿＿＿＿＿＿＿＿＿＿＿＿＿＿＿＿＿＿＿＿＿＿

＿＿＿＿＿＿＿＿＿＿＿＿＿＿＿＿＿＿＿＿＿＿＿＿＿＿＿＿＿

11466
台北市內湖區瑞光路 76 巷 65 號 1 樓

秀威資訊科技股份有限公司 　　收
　　　　　BOD 數位出版事業部

....

（請沿線對折寄回，謝謝！）

姓　　名：＿＿＿＿＿＿＿＿＿　年齡：＿＿＿＿　性別：□女　□男

郵遞區號：□□□□□

地　　址：＿＿＿＿＿＿＿＿＿＿＿＿＿＿＿＿＿＿＿＿＿＿＿

聯絡電話：(日) ＿＿＿＿＿＿＿＿＿＿　(夜) ＿＿＿＿＿＿＿＿＿＿

E - m a i l：＿＿＿＿＿＿＿＿＿＿＿＿＿＿＿＿＿＿＿＿＿